# MARIE-MADELEINE

R.-L. BRUCKBERGER

# MARIE-MADELEINE

Albin Michel

ISBN 2-226-00145-x

# INTRODUCTION

« Vivez ! Ah ! vivez donc ! Et qu'importe la suite ! Vous n'êtes pas Juge ! »

C'est à ces quelques mots de Blaise Cendrars que je pense, pour parler de Marie-Madeleine.

Au moment où elle va rencontrer Jésus, elle est dans tout l'éclat de sa jeunesse, dans toute la gloire de sa beauté. Elle vit, elle vit sans frein, à bride abattue, elle est libre, elle vit. Elle est hors la Loi, et s'en trouve fort bien. Elle est une femme libre, non pas libérée, libre. Autour d'elle, toute une société la condamne, et, en premier lieu, les gardiens de la Loi, Scribes et Pharisiens, auxquels elle fait horreur. Elle s'en fiche. Elle est libre. Elle récuse le jugement des juges.

Libre... Est-elle heureuse ? Il y a toujours un moment de bonheur, quand on secoue le joug et qu'on le brise. Pour elle le moment a peut-être duré longtemps. Les peintres, esclaves de leur œil, et qu'elle n'a cessé de fasciner au cours des siècles, l'ont toujours représentée avec une opulente chevelure blonde et un long manteau de pourpre, comme une impératrice. Elle est l'impératrice des désirs.

Je pense que Marie-Madeleine a dû fréquenter la Cour d'Hérode, Tétrarque de Galilée, dont la capitale était Tibériade. D'ailleurs, dans cette province, où Rome a porté paix et prospérité, où l'histoire a mélangé toutes les races de ce Moyen-Orient turbulent, où le ciel est si doux, où il fait si délicieux de vivre au bord d'un lac étincelant, les villes riches, les villes de plaisir, se touchent, sous les palmiers : Capharnaüm, Magdala, Tibériade ! Jésus et Marie-Madeleine, lui proclamant l'avènement du Royaume de Dieu, elle en quête de bonnes fortunes amoureuses, chassaient sur les mêmes terres. L'événement est, non pas qu'ils se rencontrent — c'était presque fatal — mais la manière dont ils se rencontrent, et surtout que, s'étant rencontrés, ils ne se quittent jamais plus.

Heureuse ? Marie-Madeleine l'était sans doute moins qu'elle ne voulait le paraître. Sinon, comment aurait-elle eu le courage ou même l'idée d'aller à la rencontre de Jésus, cherchant auprès de lui ce que nul homme ne lui avait jamais donné ? Car elle alla vers Jésus d'un trait, comme la gazelle altérée bondit dans le désert vers l'oasis aux sources claires. Aucun obstacle qu'elle n'eût allégrement franchi, même celui de son propre orgueil. A ce moment, où tout son destin bascula, était-il pour elle question d'orgueil ? Elle s'appliquait à elle-même la prière d'un Prophète de sa race : « Vous m'avez séduite d'amour, et j'ai été séduite ! »

☆

La société d'alors, pourtant fortement hiérarchisée, était fluide, infiniment moins classifiée et cloisonnée que notre société moderne. On s'y coudoyait facilement. Le groupe qui entourait Jésus offrait un caractère disparate qu'il nous est bien difficile d'imaginer.

Autour de Jésus, il y avait les Apôtres, les Douze, douze hommes d'âges variés. Pierre était marié. Il semble avoir été le plus âgé, mais trente ans, c'est déjà la maturité. Jésus le désigna comme le chef de la petite troupe et on ne comprend pas très bien pourquoi. Il semble n'avoir été ni le plus intelligent, ni le plus courageux, ni le plus pratique des Apôtres. Peut-être qu'une certaine médiocrité de nature le mettait à l'abri de l'orgueil.

Jean était le plus jeune et le préféré de Jésus. Il n'avait peut-être que quinze ou seize ans. Il était à l'âge où les impressions marquent profondément et deviennent ineffaçables. Quand, plus d'un demi-siècle plus tard, il écrira ses souvenirs, ceux-ci garderont la précision et la vivacité qu'ont pour les vieillards les souvenirs de l'enfance. A travers son Evangile, on a parfois le sentiment de percevoir le timbre même de la voix de Jésus.

La plupart de ces hommes étaient des pêcheurs du Lac. Bien qu'à cette époque et en Israël, un métier manuel fût tout à fait compatible avec des études, il semble que le niveau d'instruction de la plupart d'entre eux était assez bas. Ils n'étaient visiblement pas choisis pour l'éclat de leurs facultés intellectuelles. Certes ils n'étaient pas dépourvus d'intelligence, mais, comme un fait exprès, Jésus les avait tous pris hors de la classe intellectuelle de la nation.

Cette classe intellectuelle était gardienne de la Loi. Ses membres étaient les Scribes et les Pharisiens, véritable « parti intellectuel », au sens féroce que Péguy donnait à ces mots. Non seulement Jésus ne choisit aucun de ses Apôtres parmi eux, mais c'est à ce parti intellectuel qu'il allait se heurter avec la plus extrême violence. C'est cette classe, privilégiée en Israël, qui fut principalement responsable de son procès et de sa mort.

Visiblement Jésus attachait plus d'importance aux qualités de cœur et de caractère qu'aux ressources d'un esprit raisonneur. Qu'attendait-il de ses Apôtres ? Avant tout, et on peut dire exclusivement, qu'ils deviennent les témoins véridiques de son aventure temporelle. Une certaine simplicité de l'esprit et du cœur, jointes à une grande fermeté de caractère, valent mieux, pour la solidité et la véracité du témoignage, que la subtilité des clercs.

Quand on a fréquenté les tribunaux, on sait que la parole d'un homme du peuple, qui dit simplement, directement, ce qu'il a vu, ce qu'il a entendu, sans en rajouter, a infiniment plus de poids que la parlotte d'un intellectuel, dont les partis pris et les idéologies contaminent souvent le témoignage. Dans une nation où, comme aujourd'hui chez nous, les professeurs avaient le haut du pavé, Jésus se méfiait des professeurs. Il avait bien raison.

Mais à côté des Apôtres, il y avait près de Jésus un autre groupe plus étonnant et beaucoup plus spectaculaire. L'Evangéliste Luc en parle en quelques lignes : « Jésus cheminait par les villes et par les bourgs, répandant la Parole et proclamant l'avènement du Royaume de Dieu. Avec lui, il y avait les Douze. L'accompagnaient aussi quelques femmes, qu'il avait guéries d'esprits malins et de diverses maladies. C'étaient en premier lieu Marie-Madeleine, de qui sept démons étaient sortis, puis Jeanne, épouse de Chuza, Premier ministre d'Hérode, puis Suzanne, et quelques autres. Par leurs ressources, ces femmes subvenaient aux besoins matériels de la caravane. »

Luc ne nomme que trois de ces femmes. Au pied de la croix, elles se retrouveront en assez grand nombre, ayant suivi Jésus de Galilée jusqu'à Jérusalem. Jésus avait le don de déraciner les êtres de leurs milieux naturels pour en faire, à sa suite, des vagabonds. Ces trois femmes nommées par Luc, Marie-Madeleine, Jeanne et Suzanne, je pense qu'elles étaient de haute condition, cela est même évident pour Jeanne, femme du Premier ministre du roi. Mais celle qui occupe toujours le premier rang est Marie-Madeleine, non seulement à cause de son degré d'intimité avec Jésus, mais sans doute aussi par son élévation sociale. Ces trois femmes étaient riches et généreuses : grâce à elles, la caravane est à l'abri de tout besoin.

Grâce à elles aussi, la caravane de Jésus avait très grande allure. Quelques femmes jeunes, riches, élégantes et belles, ne se déplacent pas sans innombrables bagages, tout ce qu'il faut pour le campement et la cuisine, toute une domesticité de marmitons et de femmes de chambre, et un grand charroi d'objets superflus : tapis, miroirs, robes de cour, bijoux, parfums. N'oublions pas les charrettes et les chevaux, et les mules harnachées et empanachées avec grelots tintinnabulant. Dans nos pays d'Occident, on imagine mal le bruit, le volume, le chatoiement d'une telle caravane.

Certes Jésus n'en était pas prisonnier. Il partait parfois tout seul, à l'écart, pour prier. D'autres fois, surtout les derniers temps, quand il voulait échapper aux assiduités policières de ses ennemis, il s'en allait avec les Douze et, en quelques heures, disparaissait dans le désert voisin. Il passait ainsi, avec l'aisance des enfants qui changent de jeux, du luxe et de la lenteur d'une caravane bruyante et seigneuriale, à l'austérité et à la promptitude quasi-militaire de raids lointains avec ses Apôtres. L'Orient a toujours été le lieu des contrastes et des mélanges sociaux hétéroclites.

☆

Par-delà deux millénaires, et à travers de prodigieuses mutations dans tous les domaines, notre société ressemble assez à la société où vécut Jésus, où s'affrontaient brutalement un intégrisme rigide et un progressisme laxiste effréné. C'était une société de contestation, et Marie-Madeleine est sans doute une héroïne très moderne.

Sous l'influence de l'hellénisme, les mœurs étaient devenues extrêmement libres, voire relâchées, surtout chez les femmes, même toutes jeunes. La mode s'en mêlant, la débauche était incroyable. Dans les familles de Rome les plus en vue, les courtisanes seules étaient considérées, au point que les plus grandes dames s'inscrivaient par snobisme au registre public des prostituées.

En Palestine, où les princes copiaient les mœurs de la capitale, une princesse royale, Bérénice, fille d'Hérode Agrippa — celle-là même dont Racine a fait une touchante héroïne — à peu près contemporaine de Marie-Madeleine, cousine de la fille d'Hérodiade, Salomé, avait une telle réputation, et dès le seuil de sa prime adolescence, qu'au cours d'une émeute, la populace de Césarée intronisa sa statue dans un lupanar. C'est l'historien juif, Josèphe, qui nous raconte cette édifiante histoire qui révèle bien l'ambiance de cette société.

Si l'on ajoute que l'hellénisme était en même temps traversé d'une immense inquiétude spirituelle, qu'avec les mœurs dissolues fleurissaient les religions à mystères, qu'on vénérait les magiciens et les gourous, que jamais il n'y avait eu plus de superstitions dans le peuple et les plus hautes classes, on conviendra que nous sommes assez friands aussi de ce même ragoût.

Comme chaque fois qu'il y a explosion de licence, il y a parallèlement un raidissement. Ce raidissement de conservatisme était, en Israël, le fait et comme le monopole de la secte religieuse la plus puissante, les Pharisiens. Eux poussaient le puritanisme à l'extrême. Leurs préceptes font rire, même les plus rigoristes d'entre nous. Ils s'astreignaient à ne pas regarder les femmes, jusqu'à se mettre parfois un bandeau sur les yeux, ou à se cogner la tête contre un mur pour se punir d'avoir aperçu l'une d'entre elles. Oui, cela nous fait rire, mais les Pharisiens avaient le prestige et la puissance, ils représentaient par excellence la Loi de Dieu au milieu d'un peuple rassemblé autour de cette Loi, il n'était pas drôle de tomber sous le couperet de leurs censures. Un personnage comme Marie-Madeleine était pour eux l'horreur des horreurs ou, comme ils disaient, l'abomination de la désolation. Elle alliait en elle la beauté du diable et l'apostasie publique.

En Israël, la religion elle-même était représentée officiellement par la caste des prêtres. Ils vivaient du culte et du temple. Dans son ensemble, cette caste, au temps de Jésus, avait perdu toute piété véritable. Très préoccupée d'argent et de privilèges, elle s'intéressait beaucoup à la politique. Elle s'accommodait assez bien de Rome, qui respectait ses privilèges. Quand ils s'y mettent, il n'y a pas plus opportunistes que les prêtres. On le voit bien en France, aujourd'hui, on l'y a toujours vu. Les prêtres politiciens sont les plus assidus des courtisans, que ce soit du pouvoir établi ou de l'opposition. Peu importe d'ailleurs de qui ils sont les courtisans, les prêtres politiciens vivent de la confusion du spirituel et du temporel. Cela aussi est un mal de notre siècle.

En Israël, cette confusion du spirituel et du temporel était grandement favorisée par le régime politique de la nation : c'était en principe un Etat théocratique. Le peuple d'Israël était directement gouverné par Dieu, son Dieu, qui lui avait donné une Loi et un Temple. Les Prêtres étaient les ministres du Temple, les Pharisiens s'étaient faits les gardiens de la Loi. Au temps de Jésus, le peuple d'Israël vivait encore sur la fiction que Dieu gouvernait son peuple élu par l'intermédiaire des ministres du culte et des interprètes de la Loi. Les actes de la classe dirigeante étaient donc incontrôlables, investis qu'ils étaient d'une autorité divine. Prêtres et Docteurs de la Loi s'arrogeaient donc une autorité illimitée jusque sur les consciences.

Ce joug de « droit divin » était intolérable à beaucoup. C'était une époque de vive contestation, particulièrement dans la jeunesse. Les structures de la société étaient fortement ébranlées par l'invasion des mœurs et de la philosophie helléniques. Ces mœurs et cette philosophie séduisaient les jeunes jusqu'à l'engouement. En Egypte, dans la ville d'Alexandrie où vivait une importante colonie juive, le plus grand penseur de l'époque, Philon, tentait un syncrétisme entre le judaïsme traditionnel et la philosophie grecque. Un peu partout la jeunesse juive était peu ou prou contaminée par les mœurs et la philosophie grecques, comme la jeunesse occidentale d'aujourd'hui est contaminée par l'américanisme ou les idéologies marxistes.

La dynastie des Hérode, qui régnait sur une partie de la Palestine, dont la Galilée, était entièrement dévouée à la puissance politique de Rome et tout acquise à l'hellénisme. Le Roi-Tétrarque de Galilée, Hérode, donnait lui-même l'exemple d'une vie dissolue, derrière une façade officielle de respect des traditions nationales.

☆

Marie-Madeleine était l'exemplaire et la vedette de ce monde frelaté. Pour un Juif pieux, il est évident que sa vie débauchée ne pouvait être qu'un scandale. Elle buvait ce scandale comme une boisson rafraîchissante. Elle ne comprenait sans doute rien aux obligations tatillonnes des Pharisiens. Pour elle, la débauche n'était sans doute qu'une contestation, une manière ostentatoire de secouer le joug.

Voilà bien le plus grand danger de la débauche, le point où elle devient péché contre l'esprit, quand elle n'est pas seulement un dévergondage sensuel, mais quand elle passe par le cerveau, qu'elle est la conclusion d'un syllogisme, la conséquence d'un snobisme, c'est-à-dire finalement d'une idéologie contestataire.

C'est bien ce qui arrive aujourd'hui à beaucoup de jeunes. Ce n'est pas tellement la morale traditionnelle qu'ils rejettent — ils n'en comprennent plus l'esprit, on ne la leur explique d'ailleurs pas — que des tabous.

Ce faisant, ils se créent à eux-mêmes une contre-morale tout aussi tyrannique, d'autres tabous tout aussi impérieux. Dans le climat social de la jeunesse d'aujourd'hui il est tout aussi déshonorant pour une jeune fille d'être vierge, qu'il y a cinquante ans il était déshonorant d'être fille-mère. Pour s'être retournés comme des gants, les tabous restent des tabous.

Le plus fort est qu'on a l'impression que les jeunes n'aiment pas d'amour la contre-morale et les tabous qu'ils se créent, ils donnent souvent le sentiment de n'en éprouver aucun plaisir et d'être une jeunesse triste. N'importe ! Ils s'y conforment rigidement. Ils ne savent guère pourquoi, pour épater le copain ou la copine du moment, et aussi pour se donner en spectacle aux adultes ahuris.

C'est à ce point qu'il faudrait peut-être parler du Diable et de possession démoniaque. Il faudrait parler des sept démons qui sont sortis de Marie-Madeleine. Le Diable excelle à rétribuer ses fidèles en monnaie de singe, d'où la morne tristesse qui se dégage de toutes ses aventures qui ont envahi nos écrans. Je ne crois pas que le Diable ait grand-chose à voir dans l'assouvissement brutal des passions sensuelles, ni dans les fugitives jouissances d'un cœur faible et fou. Il les a plutôt en mépris.

Mais c'est dans la tête que le Diable pourrit le germe de toute jouissance. On n'a jamais autant parlé de sexualité. Que la sexualité soit devenue un problème pour tant de nos contemporains, hommes et femmes, jeunes ou moins jeunes, prouve à quel point tout notre comportement est désaxé. Pour tant de gens aujourd'hui la sexualité devient une corvée et une humiliation, alors qu'elle ne devrait être que le symbole d'un épanouissement sensible dans la communion de deux personnalités qui s'admirent et qui s'aiment.

Une certaine débauche, qui passe par le cerveau, tisse, autour de l'individu qui en devient la proie vivante, un tissu serré d'obligations et de sanctions. Loin d'être une libération, c'est la plus morne des servitudes, indéfiniment dépassable. On peut toujours aller plus loin, il faut donc toujours aller plus loin. C'est l'escalade sans fin et sans récompense, qui promet la jouissance, en recule toujours le gage, exile de plus en plus l'homme de sa joie véritable. A l'intérieur de performances, l'homme sécrète sa propre prison, où il s'enferme lui-même à double tour, et il jette lui-même la clef dans l'égout.

C'est là, dans cette prison, que le Diable l'attend.

☆

Jésus n'est entré dans aucune prison, il a voulu les ouvrir toutes. Il a remis la clef sur toutes les portes, il a rouvert toutes les prisons. Il a appelé tout le monde à sortir à la lumière et à vivre libre. Sa tragédie est qu'à un certain point il n'y a pas de retour possible. Les hommes préfèrent les ténèbres de leurs prisons à la lumière et à l'aventure du grand jour. Même s'ils savent ouverte la porte de leur captivité, ils préféreront la sécurité des captifs au risque de l'évasion. J'ai vu cela mille fois en juin-juillet 1940, dans les camps de prisonniers dont il était alors si facile de s'évader. Non, ils disaient non à leur liberté.

Pour autant que je puisse comprendre la société où Jésus vivait, j'ai le sentiment qu'il entra comme dans un vaste *no man's land,* entre lignes ennemies, parmi de hautes citadelles absolument fermées, cernées de douves pleines d'eau empoisonnée, ponts-levis levés, sourdes et aveugles, closes sur elles-mêmes non seulement du côté de la terre, mais surtout du côté du ciel, scellées par en haut d'un couvercle de plomb. On ne pouvait pas rêver société plus totalement invertie, retournée contre ses finalités propres et légitimes.

Le culte et le Temple avaient été donnés comme

instruments d'évasion vers Dieu, d'épanouissement de chacun dans l'adoration et l'amour du vrai Dieu. Les Prêtres en avaient fait « une caverne de voleurs » comme le dira Jésus, instruments d'enrichissement, de pouvoir et de prestige au profit de quelques-uns et aux dépens de tous. C'est la pente naturelle et universelle de la caste sacerdotale.

La Loi avait été donnée aussi comme un instrument de libération et en vue du Royaume de Dieu. Les Docteurs de la Loi en avaient fait une prison, une cage aux barreaux si serrés d'observances minutieuses qu'on ne voyait plus la lumière à travers.

Rome était évasive et lointaine, ne voyant des hommes que des abstractions, des ombres interchangeables.

L'argent jouait le rôle de l'argent, signe des biens terrestres, donnant sa mesure réduite d'oppression et de liberté. Les Publicains, chargés de l'impôt, caste fort méprisée en Israël, représentaient la puissance de l'argent. Ils avaient l'esprit plus ouvert que les Prêtres et les Docteurs de la Loi : c'est évident à travers tout l'Evangile.

Il y avait aussi une caste privilégiée, dont faisait sans doute partie Marie-Madeleine, gens du monde enfermés dans leur frivolité. Dans cette caste aussi, Jésus comme Jean-Baptiste trouvèrent des alliés, voire des dévouements passionnés.

Et puis, errant dans le *no man's land*, il y avait le peuple, un bon peuple, le pauvre peuple, abandonné, dira Jésus, comme un troupeau sans berger. Ou bien aux soins de mauvais bergers. N'est-ce pas le cas du peuple, aujourd'hui comme alors ?

Parmi ce peuple, et au milieu de ces hautes puissances indifférentes et fermées, Jésus seul donne l'impression de savoir d'où il vient, où il va et pourquoi il est là. Il est là pour défoncer les portes à coups de bélier, pour renverser les citadelles, pour faire sauter tous les couvercles, pour rassembler les errants, leur donner une espérance et une communion. Il est là comme un Don Quichotte, dont le rêve prendrait forme, finirait par se réaliser, et qui, à la fin, en mourrait.

☆

Les premiers Chrétiens, qui connaissaient ceux-là mêmes qui avaient vu, entendu et touché Jésus, ceux sur qui agissait encore le pouvoir d'enchantement de cet homme, l'ont comparé à Orphée, qui charma la nature et força les portes de l'Hadès par le seul pouvoir de sa flûte enchantée.

Marie-Madeleine fut l'Eurydice de cet Orphée. Mais Jésus n'était pas un mythe, et l'attraction divine qu'il exerçait était telle que, cette fois, l'Hadès perdit définitivement sa proie. Marie-Madeleine, revenue à la vraie vie, reste éternellement vivante dans le rayonnement de son Seigneur.

La musique, une certaine musique, captive les cœurs. On le voit bien, à notre époque, où les hommes sont divisés en idéologies contradictoires. Les frontières se ferment, livres et journaux ne circulent pas aisément, franchissent encore moins facilement la barrière des préjugés. Quel d'entre nous n'a pas refusé de lire le livre d'un auteur qui lui est antipathique, n'a pas refermé le bouton de la radio à la seule voix d'un homme politique qu'il n'aime pas ?

La musique s'insinue plus facilement. Le troubadour est l'homme le plus libre et hardi qui soit. Tous les ponts-levis se baissent devant lui, il est introduit dans tous les châteaux forts.

Je me souviens d'un prêtre que j'ai connu à Vienne, en Autriche. Il avait sollicité de son archevêque une paroisse dont aucun de ses confrères ne voulait. Le gros de ses paroissiens était logé dans un de ces énormes quadrilatères en ciment, construits par une municipalité socialiste au moment de la plus extrême misère, vers 1925. Dans la suite, ce même building avait servi de forteresse à l'émeute, et Dolfuss l'avait fait bombarder à coups de canon.

Confondant, comme il est de coutume, la religion avec une politique répressive menée par un homme d'Etat catholique, la population de cette banlieue était devenue anticléricale, ne voulait plus entendre parler ni de prêtres, ni d'églises. A proximité, il n'y avait en effet même pas d'église.

Le nouveau curé se garda bien de heurter de front l'hostilité de ses ouailles. Il se contenta de prendre un modeste logement pour lui et de louer le local d'une usine désaffectée : il y installa aussitôt un autel pour célébrer la messe, et un orgue. Personne ne vint. Cela dura des mois.

Avec le printemps, ce furent les beaux jours. Alors il s'installa toute la journée dans le jardin, au centre de l'immense quadrilatère. Le silence y régnait. La radio n'était pas encore un objet répandu ; on n'imagine plus le silence de cette époque, pas si lointaine.

Toutes les fenêtres sur le jardin étaient ouvertes du matin au soir. Chaque jour de soleil, notre curé, muni de sa flûte, donnait un récital, que toutes les ménagères se mirent à écouter avec enthousiasme. A la sortie des écoles, les enfants entouraient le musicien. A la fin de l'été, il était l'homme le plus populaire du quartier.

Quand vinrent les mauvais jours, il continua ses concerts à l'orgue dans l'ancienne usine. Elle ne désemplissait pas. Tout naturellement la liturgie relaya la musique, la prière remplit les silences, chacun retrouvait naturellement les gestes de son enfance.

J'ai raconté cette histoire, dont j'ai connu l'acteur, parce que je la crois profondément fidèle à l'esprit de Jésus-Christ. La musique n'est pas une théologie, mais elle ouvre les cœurs beaucoup plus sûrement que la prédication de la lutte des classes dont se saoule un jeune clergé dégradé, intellectuellement infantile.

Quand il parut sur les chemins et les places publiques de Galilée, Jésus s'insinua comme une mélodie dont le charme et la puissance d'envoûtement envahissaient le ciel de tous et l'âme de chacun. Seuls ceux dont le cœur était sourd ne l'entendirent pas, et ce fut leur propre condamnation.

Les miracles mêmes de Jésus semblaient découler de son âme, comme l'éclosion d'une harmonie suprême qui, au lieu de renverser l'ordre des choses, leur donnait un sens neuf. A un certain niveau de profondeur, la nature elle-même aspire à se mettre en accord avec l'harmonie universelle, ainsi qu'un violon, accordé à un autre violon, se met à jouer tout seul quand le violon jumeau est manié par un virtuose. L'harmonie propage l'harmonie. Jésus était un tel centre d'harmonie active que tout ce qui l'entourait vibrait à ses propres émanations.

Telle fut la rencontre entre Jésus et Marie-Madeleine. Quelque chose, qu'elle attendait sans doute sans avoir l'audace de l'espérer, éclata en elle comme une explosion. De loin déjà elle en avait eu le pressentiment, car la région la plus secrète de son âme s'était mise à vibrer, en écho à la voix de Jésus.

Quelle affreuse époque que la nôtre, où l'amour entre un homme et une femme peut être considéré comme une aliénation ! Un tel amour, Jésus et Marie-Madeleine l'ont vécu comme l'accomplissement de leur être profond.

☆

Je ne vais pas reprendre dans un introduction tous les traits et toutes les démarches de cet amour : c'est, au royaume de l'amour, la plus belle histoire d'amour. Tout ce livre a été écrit pour en peindre les péripéties.

Sous ses mille chatoiements, la débauche est une prison. A la voix de Jésus qui, comme les trompettes de Josué, faisait s'écrouler les murailles, Marie-Madeleine eut le courage de se sentir délivrée. Elle a rebroussé le long chemin, elle est revenue de l'Enfer. D'un seul coup, elle est allée en Jésus au centre fulgurant de sa personnalité, dont découle naturellement le pardon des péchés.

Elle donne à tout l'Evangile son unité de symbole. Elle court de banquets en jardins, les mains pleines de parfums. Elle a pris le relais des rois mages qui, eux aussi, à travers les déserts, couraient en portant des parfums.

Elle s'est souvenue du chant des anges dans la nuit de Noël, elle a compris leur promesse et qu'il n'y a de paix sur la terre que pour les hommes et les femmes de bonne volonté.

Elle a repris le témoignage de Jean le Baptiste et désigné Jésus du doigt : « Regardez, le voici ! C'est lui, l'Agneau de Dieu qui efface le péché du pauvre monde ! »

Et tout cela parce qu'elle a su, elle a toujours su, beaucoup aimer, elle n'a même jamais rien su d'autre. C'est pourquoi l'histoire de cette femme est si surprenante. A la réflexion, c'est bien ainsi. La haine a une logique, l'amour n'a pas de logique. On peut toujours prévoir ce que va faire un homme ou une femme qui haïssent. Il n'y a qu'à appliquer son esprit à sa situation de haine et en tirer les conséquences. On ne peut absolument pas prévoir ce que va faire un homme, une femme qui aiment. L'amour est fou dans la mesure où il n'est qu'amour.

Il y a dans tout l'univers, et à chaque degré de l'univers, un seuil infranchissable à celui qui n'aime pas, qui ne sait pas aimer. Je sais bien que dans les laboratoires, ils recherchent le secret de la vie et de l'être, et si c'était l'amour, l'univers tout entier étant né d'un mouvement du cœur de Dieu ?

Une naissance d'enfant n'est si émouvante, toujours si surprenante, alors qu'il n'y a pas phénomène plus fréquent, que parce qu'elle est le terme d'un acte d'amour. Je sais bien qu'on peut désormais faire des bébés-éprouvettes, des bébés *in vitro* comme ils disent, croyez-vous qu'ils sauront sourire ?

Tout ce qui commence vraiment procède de l'amour, tout ce qui recommence aussi. Les moissons de l'an prochain seront tout aussi émouvantes que celles de cette année, que celles des millions d'années qui ont précédé. Et dans le dynamisme des semailles de l'amour, la résurrection du Christ est tout aussi étonnante, ni plus ni moins, que la naissance d'un enfant, que la naissance au cœur de la nuit, à Bethléem, d'un enfançon, Sauveur du monde.

Mais Jésus n'a apparemment rien ébranlé des puissances de haine. La citadelle de la Loi, il s'y est brisé. Les farouches gardiens de la Loi ont refusé de reconnaître en lui le suprême accomplissement de la Loi, le Désiré des collines éternelles, la Promesse accomplie des Prophètes : les gardiens de la Loi avaient perdu l'esprit aussi bien de la Loi que des Prophètes.

Les ministres du culte n'ont pas davantage reconnu en Jésus le nouveau Temple, l'habitacle vivant du Dieu d'Israël, le Saint des Saints.

Marie-Madeleine, qui n'était ni Prêtre, ni Docteur, a deviné en Jésus tout cela. Parce qu'elle a su aimer.

Paradoxalement quelques puissances d'argent et de volupté ont été plus sensibles que l'ensemble des Prêtres et des Scribes au message et à la personnalité de Jésus. Au moins pour quelques-unes, elles ont baissé devant lui le pont-levis. C'est un fait, proclamé par Jésus lui-même qui, s'adressant aux Prêtres et aux Pharisiens, leur disait : « Les Publicains (hommes d'argent) et les courtisanes vous précèderont dans le Royaume de Dieu ! » A travers tout l'Evangile, Marie-Madeleine et la femme adultère, le Publicain Matthieu-Lévi et le

Publicain Zachée donnent des exemples éclatants de ces renversements.

Les nouveaux aumôniers de la J.O.C., qui ont pris en charge de transmettre le message de la lutte des classes, se mettent éternellement du côté des Docteurs de la Loi, des Pharisiens et des Grands-Prêtres. Parce que ce message est un message de haine.

Il est des époques — et nous en vivons une — où la plupart des Prêtres ont perdu la tête et le sens de leur vocation, où ils sont inconsciemment capables de tous les reniements, des époques où les législateurs bafouillent contre la Loi. Tout ce qui se passe d'heureux, de gracieux, de prometteur, se passe en dehors et loin d'eux, dans le champ sonore d'une mélodie divine qu'ils n'entendent même plus, parce qu'ils ne savent plus aimer.

C'est à ces époques que le souvenir et l'exemple de Marie-Madeleine peuvent aider de jeunes âmes errantes et en quête, comme elle fut elle-même errante et en quête d'une joie indicible, jusqu'au jour où elle rencontra et reconnut Jésus-Christ, roi et centre de tous les cœurs.

Marie-Madeleine pose au plus profond et sur ses véritables assises le problème de la femme moderne. On ne peut imaginer femme qui, dans une société traditionnelle et conservatrice, ait renversé personnellement plus de tabous, les ait piétinés avec plus d'insolence. Il n'est pas non plus de femme qui ait joui d'une réussite sociale plus éclatante. Mais ce qui fait sa singularité unique et son exceptionnelle grandeur, c'est qu'ayant accompli et obtenu tout ce dont tant de femmes rêvent, elle ait eu parfaitement conscience que le plus important restait à découvrir, que l'essentiel restait à obtenir, que son aliénation intérieure restait entière. Elle sut que son moi profond ne s'épanouirait jamais si elle restait à la surface d'elle-même, si elle ne se mettait pas elle-même en question.

Toute la question est bien là en effet. Aux mouvements de revendication féminine, aux femmes qui accusent facilement les autres femmes de manquer d'ambition et de solidarité, Marie-Madeleine dirait volontiers : « Ne vous arrêtez pas en si bon chemin ! Encore un effort d'imagination et de caractère, non seulement pour vous retrouver vous-mêmes, mais pour accéder à ce Royaume secret de l'amour, où ce que vous avez de plus profond va éclore silencieusement. Vous n'êtes pas faites pour la débauche, qui est une fausse libération et qui s'achève dans un inexorable ronron. Vous n'êtes pas davantage faites pour ce qu'on appelle "le devoir" ou "la vertu", et je comprends très bien que ceux qui veulent vous enfermer dans ce carcan social vous soient odieux. De mon temps, ils s'appelaient "les Pharisiens". J'ai, toute ma vie, bravé leur réprobation et leur fureur.

» Mon amie, ma sœur, belle ou moins belle, jeune ou moins jeune, tu es faite pour l'amour, et il n'y a pas de puissance au monde qui puisse t'empêcher d'aimer. Aie la générosité de recevoir ce qui t'est offert, ce qui est à la portée de toute femme qui sait entendre et regarder autour d'elle, ce que toute femme qui a l'ambition d'aimer attend au fond d'elle-même. Même si tu te crois laide, même si tu es vieille et malade, sache écouter et regarder autour de toi : il y a quelqu'un pour qui un sourire de toi peut ouvrir un paradis. Toi-même, ouvre-toi à la vie, à la lumière, à l'amour. Le monde est vieux parce qu'il n'a plus d'amour. Tout être débordant d'amour est comme un feu au cœur de l'hiver : tout vivant vient approcher de lui ses membres tremblants, désire s'y réchauffer.

» Ose, ma sœur, aie l'audace d'aimer sans peur. L'amour est la grande audace de la vie. L'amour seul est jeune, l'amour seul est beau, l'amour seul ne se flétrit jamais. Ose être toi-même et rire de bonheur. L'amour seul est ta libération.

» Moi, j'ai osé. Et parce qu'au-delà de la Loi, au-dessus de la débauche, à vrai dire par-dessus toutes choses, j'ai aimé d'amour l'amour, je me tiens désormais, les mains pleines de parfums et le cœur débordant de joie, sur le seuil de ce jardin où, à travers mes larmes, j'ai reçu un matin la promesse des éternelles délices. »

*Septembre 1974.*

# PROLOGUE

1 — Les acquisitions de civilisation sont des rencontres et des débats, des conversations à travers le temps et l'espace. Les êtres élus pour soutenir le débat et la conversation engendrent les grandes lignées de civilisation. Nous ne savions pas ce que le Christ eût dit à Platon : saint Augustin est arrivé et il a écrit ce dialogue entre le Christ et Platon. Nous ne savions pas ce que le Christ eût dit à Aristote : nous avons dû attendre plus longtemps, car cette fois le dialogue était peut-être plus difficile. Mais au XIII^e^ siècle, Thomas d'Aquin a rigoureusement composé ce dialogue. Nous ne savons pas encore ce que le Christ eût dit à Confucius, car il n'y a pas encore eu un grand philosophe chrétien et chinois. Mais nous n'avons pas eu à attendre, pour savoir ce que le Christ eût dit à Phryné. Lui-même, durant les trois années de sa vie publique, a rencontré Phryné. C'est Marie-Madeleine qui est Phryné. Le Christ a converti Phryné, en a fait une chrétienne et l'une des plus grandes saintes du christianisme.

Une biographie de sainte Marie-Madeleine soulève de nombreux et graves problèmes, sur les divers plans de l'histoire, de l'exégèse, de la psychologie et de la théologie. Je me suis efforcé de n'éviter aucun d'entre eux. Je renvoie ceux des lecteurs qui s'y intéressent aux notes que, pour ne pas alourdir le mouvement du récit, j'ai toutes rejetées à la fin du volume. Ils y verront la méthode que j'ai utilisée, pour affronter et résoudre les difficultés de mon sujet, et les solutions particulières que je propose au fur et à mesure de ces difficultés.

R.-L. B.

# PREMIÈRE PARTIE

## *Phryné*

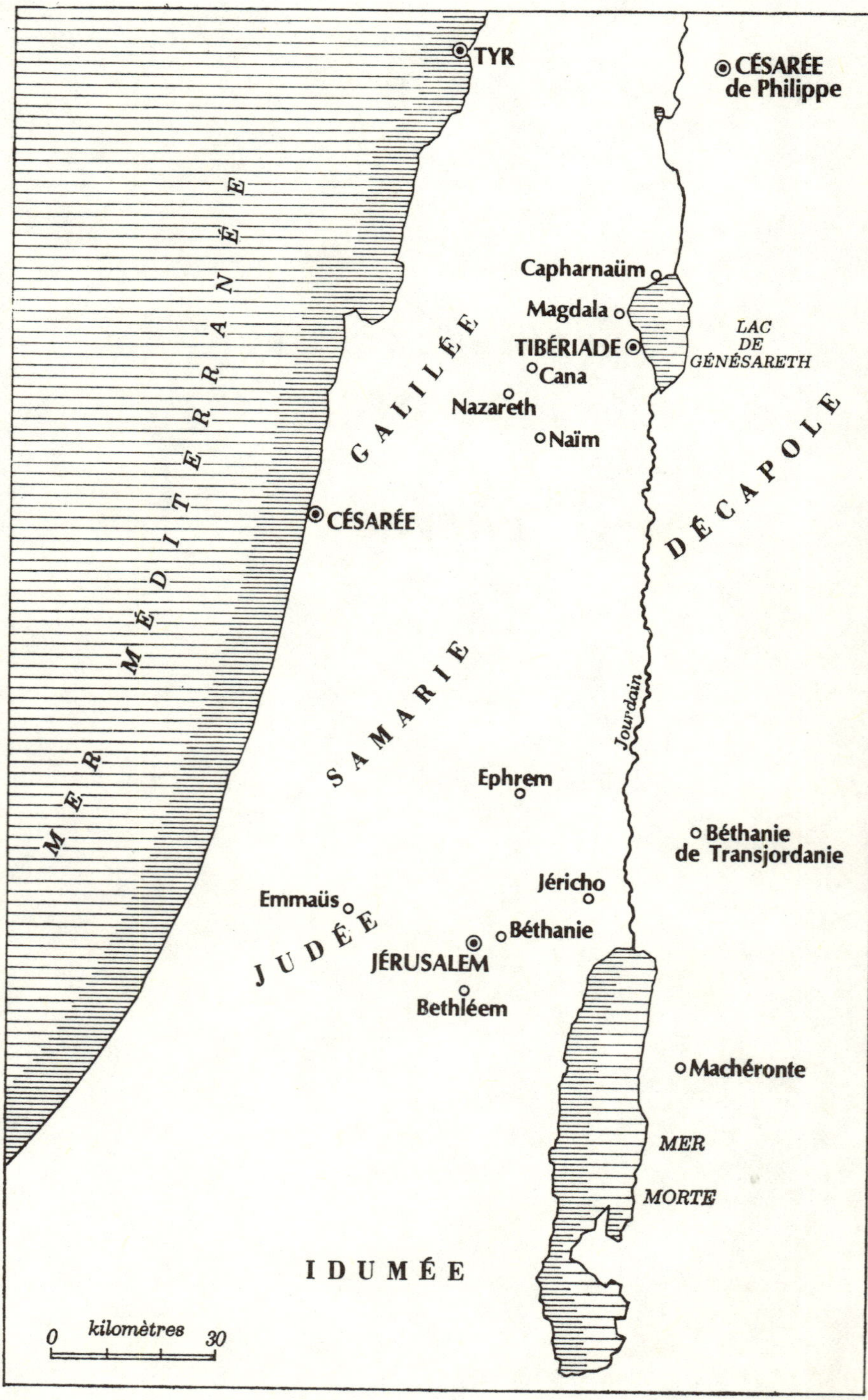
TYR
CÉSARÉE de Philippe
MER MÉDITERRANÉE
Capharnaüm
Magdala
TIBÉRIADE
LAC DE GÉNÉSARETH
Cana
Nazareth
Naïm
GALILÉE
CÉSARÉE
DÉCAPOLE
SAMARIE
Jourdain
Ephrem
Béthanie de Transjordanie
Jéricho
Emmaüs
Béthanie
JÉRUSALEM
JUDÉE
Bethléem
Machéronte
MER MORTE
IDUMÉE
0 kilomètres 30

2 — Depuis près de quatre siècles qu'Alexandre était mort, la culture grecque ne cessait de se gagner des amis, dans tout le monde méditerranéen et oriental. La langue grecque était parlée partout, dans les hautes classes, dans les écoles et les milieux intellectuels, dans les gymnases et les ateliers d'artistes, et aussi dans le commerce. La domination de Rome n'avait pas ébranlé mais, au contraire, étendu et affermi cette influence de l'hellénisme.

Dans le monde juif, si nationaliste pourtant, cette influence s'était profondément infiltrée. Au moment d'Antiochus Epiphane, elle était allée si loin, avec la complicité des Grands Prêtres, qu'elle avait mis en péril la pureté du culte au Dieu unique. La réaction des Macchabées avait fait reculer l'hellénisme et en avait débarrassé la Judée, au moins pour un temps.

Mais l'hellénisme n'était pas vaincu pour autant et il triomphait partout ailleurs. Les Juifs ne sont pas seulement nationalistes. Ils sont aussi commerçants, et parfois amis des lettres et des arts. Des colonies juives étaient installées dans tout l'Empire, et leurs synagogues allaient servir de relais à l'expansion du christianisme. On y parlait grec et, depuis longtemps déjà, des Juifs égyptiens, sous le patronage des grands Ptolémées, avaient traduit la Bible en grec. Ces colonies gardaient des rapports étroits de parenté, de religion et de commerce avec la Palestine.

Quand ils venaient en pèlerinage à Jérusalem, pour la Pâque, ces Juifs de la Diaspora, étant les plus riches et les plus raffinés, étaient forcément les plus honorés, socialement les plus recherchés. Ils entretenaient d'excellents rapports avec les Proconsuls et les fonctionnaires de Rome, et avec certaines grandes familles sadducéennes, gagnées comme eux, sinon aux idées nouvelles, du moins à la culture grecque. Ces grandes familles sadducéennes faisaient le pont. Très riches et puissantes, amies de Rome, introduites par quelques-uns de leurs membres parmi les Princes des Prêtres et dans le Sanhédrin, elles constituaient dans la nation le milieu que nous appellerions aujourd'hui « collaborateur ». Le zèle pour la foi d'Israël s'y était un peu atténué, avec l'intransigeance nationaliste. Elles gardaient au demeurant les meilleures relations avec les uns et les autres, rendaient des services à tous, fréquentaient la haute société dans tous les camps, recevaient somptueusement leurs parents de Rome ou d'Alexandrie dans de luxueuses maisons de campagne aussi bien qu'à Jérusalem.

Dans un tel milieu, sans que soit ouvertement reniée la foi au Dieu d'Abraham, Israël paraissait un bien petit peuple en face de la puissance de Rome, et la littérature prophétique bien misérable en comparaison de la littérature grecque. La mentalité locale paraissait horriblement « provinciale » et régionaliste, au milieu de ce bouillonnement qui déferlait sur tous les rivages de la Méditerranée, où les Mystères orientaux s'agrégeaient à la philosophie grecque, dans un des plus puissants snobismes qu'ait jamais connus l'histoire de la culture. Comparé à cette influence, le rayonnement de la France et de la langue française en Europe au XVIII$^{e}$ siècle n'a été qu'un feu de paille, auprès d'un incendie de forêt. Dans ces conditions, et si l'on était riche, jeune, beau, doué pour les arts et la danse, intelligent et d'esprit accueillant, comment pouvait-on n'être pas « grec » en ce temps-là ?

* 3 — Justement, la famille de Marie-Madeleine était une de ces grandes familles sadducéennes, avec maison de campagne sur les bords du lac de Génésareth en Galilée, et maison de ville aux portes de Jérusalem. Marthe, sa sœur, portait un nom syrien. C'était une famille heureuse et puissante, qui suivait les modes et les goûts du jour. La jeune Marie avait été élevée à la grecque. Elle était « grecque » jusqu'au bout des ongles. A treize ou quatorze ans, déjà éblouissante de beauté, et femme faite comme elles le sont déjà à cet âge dans ces pays, d'esprit vif comme les filles de sa race, insolente et sensuelle, elle vivait entourée de musique et de jeunes snobs parfumés, avait un maître de danse, qui était d'Ephèse ou d'Eleusis. Quand elle était lasse des entrechats, elle lui faisait lire le discours de Diotime, dans *le Banquet,* sur l'amour libre, comme le meilleur moyen pour accéder à la Sagesse, ou le faisait parler de Phryné, la Courtisane. Quand un jeune et beau cousin d'Alexandrie passait par Jérusalem pour la Pâque, elle lui faisait raconter l'histoire toute récente de Cléopâtre, magicienne, charmeuse de serpents, reine d'Egypte et, par sa beauté, maîtresse des maîtres du monde. La nuit, cette petite fille, déjà sûre de son corps splendide, se retournait sur son lit, serrait les poings et disait dans son cœur : « Moi aussi, je serai la reine Cléopâtre ou Phryné la Courtisane. »

* On aura remarqué que ce livre est divisé en séquences numérotées, au début de chaque séquence. Tout numéro accompagné d'une astérisque correspond à une note, portant le même numéro, à la fin du volume, et qui explique mon interprétation de l'Evangile dans ce passage.

*4 — Savons-nous bien qui était Phryné la Courtisane ?

Pour imaginer qui était cette femme, il nous faut remonter vingt-cinq siècles et dépasser en particulier l'immense révolution apportée dans les mœurs par le christianisme. C'est le seul moyen pour nous de deviner l'exacte portée des faits et gestes de cette étonnante créature.

Comment réaliser autrement la prodigieuse entreprise de cette époque lointaine ? Il est ici moins question de la perfection des œuvres qu'elle nous a léguées, soit dans le domaine artistique, soit dans celui de la pensée, que d'une structure sociale d'une candeur et d'une insolence incomparables. Le but de cette société était de former, d'entretenir et de reproduire des êtres de luxe. Les bases biologiques et utilitaires de cette société étaient l'esclavage et la famille, qui était un autre esclavage. La mère de famille était presque aussi ignorée qu'un esclave, confinée dans le gynécée. Les hommes libres ne travaillaient pas. Les femmes libres ne s'engageaient pas dans les liens du mariage. Hommes et femmes libres étaient élevés selon les principes de Platon : la musique formait l'âme, la gymnastique formait le corps. Ces êtres de luxe vouaient leur vie à l'harmonie. Ils s'adonnaient à la familiarité des dieux, dans la contemplation de la beauté, la philosophie, la création des œuvres d'art, le gouvernement de l'Etat, la pratique de l'héroïsme et de la volupté. Cette élite était uniquement passionnée de réaliser dans la vie, dans l'art et dans la société, l'harmonie universelle.

Phryné est née et a vécu dans cette civilisation. Elle devait être à peu près exactement contemporaine d'Alexandre le Grand, elle a pu connaître la fameuse courtisane Aspasie, qui avait été l'amie de Périclès. Toute jeune, elle a servi de modèle à Praxitèle. C'était une femme libre et qui ambitionnait d'être mise au même rang que les héros, les philosophes, les artistes et les poètes. C'était une courtisane.

Platon était alors en pleine gloire. Il serait étonnant que Phryné n'ait pas connu Platon. Si ce n'est pas elle, c'est une femme comme elle qu'il introduit dans *le Banquet,* devant laquelle Socrate lui-même s'efface, à qui il laisse le soin de livrer l'enseignement le plus haut sur l'Amour, la Beauté et les moyens d'accéder à sa Contemplation. Le Sage le plus célèbre de la Grèce rendait ainsi hommage à la Sagesse supérieure d'une femme dont l'éclatante beauté et l'expérience amoureuse étaient pour tous le témoignage irréfutable de l'amitié des dieux.

Nous ne comprendrions pourtant rien au paganisme grec, si nous nous le représentions comme une immense Revue en plein air des Folies-Bergère ou comme le déchaînement sur la place publique d'un énorme spectacle de Burlesque. Les Grecs donnaient à la beauté du corps le caractère d'une révélation religieuse, alors que nous y mêlons d'abord l'obsession sexuelle. C'est pourquoi il nous est si difficile de saisir le sens de cette scène à Eleusis, pendant les fêtes en l'honneur du dieu Poseidon. En présence de tout le peuple transporté d'enthousiasme, Phryné déposa ses vêtements, défit sa chevelure, s'avança nue et les mains tendues vers la mer. Il n'y avait sans doute là aucune indécence.

Phryné était dans son rôle de prophétesse du dieu de la mer. La révélation de sa beauté apportait à tout le peuple la communion à la divinité.

Il est bien vrai qu'une telle scène n'est plus possible. Même à supposer que Phryné existe, elle n'aurait plus dans un tel geste la complicité de tout un peuple, ou alors cette complicité serait tout le contraire d'une complicité religieuse. Mais pourquoi une telle scène n'est-elle plus possible ? Qu'est-ce qui nous choque dans cette manifestation ? La nudité de Phryné ? Son extrême beauté ? Ou bien le caractère public et cosmique de cette « épiphanie » ? Mais Eve, dans le premier Jardin, au premier matin du monde, a dû s'avancer ainsi, tendant les mains au ciel et à la terre, dans l'extase de se trouver si belle, souveraine d'une nature si belle. Elle était nue aussi et n'en avait point de honte. Le genre humain eût été là pour la regarder qu'elle n'en eût pas eu davantage honte. Et toute nue, même le regard de Dieu ne la gênait pas.

5 — Ce trait de la vie de Phryné est peut-être un de ceux qui peuvent le mieux nous faire comprendre ce qu'a été le paganisme, surtout le paganisme grec. Ce paganisme grec était une nostalgie profonde du premier Paradis, de son innocence, de sa liberté d'allure. Chez les plus grands — et Phryné en était — ce fut une tentative gigantesque pour le retrouver, pour repasser le seuil interdit par l'Ange à l'épée de feu. Sans le savoir sans doute, mais dans l'élan de tout son être et de sa prodigieuse beauté, Phryné voulait être Eve avant la Chute. La terre entière, et la mer, et le ciel de l'Attique, lui étaient le Paradis terrestre, le premier Jardin d'innocence.

Il est tenace en l'homme le rêve du Paradis perdu. Dès que nous nous endormons, c'est lui qui s'éveille en notre cœur. Il ébranle toutes les complicités de notre corps. C'est le rêve de l'enfance de la race humaine.

Elle y revient dès qu'elle est trop malheureuse, et elle n'a pas fini d'être malheureuse et de ressasser le même rêve, de génération en génération.

Mais enfin c'est un rêve, dangereux comme tous les rêves, quand on les confond avec la réalité. Depuis Eve jusqu'à nous, il y a eu un événement sinistre, qui a entravé la liberté humaine, ce que nos catéchismes appellent la chute originelle, le premier péché qui nous a donné cette science douloureuse du bien et du mal, qui a fait que, tout de suite après la désobéissance, Eve s'est cachée pour ne pas sentir sur elle le regard de Dieu, « parce qu'elle était nue », dit la Genèse.

Mais Phryné aussi était une fille d'Eve et elle ne se cachait pas... Le geste de Phryné ne fut possible que par ignorance et peut-être par désespoir, comme un homme ruiné et qui n'y veut pas croire rêve encore dans son sommeil qu'il est riche et puissant, et qu'il fait les gestes de la magnificence. Phryné était l'Eve de ce Jardin du Rêve et Platon en a été le Jardinier. C'est lui le premier qui a dessiné les grandes avenues, les fontaines, les bosquets, les retraites et les promenades, les escaliers et les balcons de ce prodigieux Jardin de l'harmonie universelle. Sur l'illusion d'une telle prophétie, l'homme essaiera toujours de tromper la surveillance de l'Ange et d'affronter l'épée de feu, pour forcer le seuil interdit.

C'est bien Platon qui, par la bouche de Diotime, dont nous savons qu'elle a pu être Phryné elle-même, c'est bien Platon qui fait de la jouissance des corps le plus nombreux possible — ce qui n'est rien d'autre qu'une théorie de l'amour libre — une étape nécessaire pour la jouissance de la Beauté intemporelle et divine qui est le but suprême du Sage. C'est en ce sens-là que Phryné était une courtisane et qu'elle en était fière. Elle était courtisane pour s'initier et initier les autres à la Sagesse.

Il est inutile de nier la grandeur humaine d'un tel idéal et Platon reste Platon. Toute la question est seulement de savoir si c'est un rêve ou non, un rêve impossible à réaliser, et par conséquent un rêve de catastrophe. Le premier Paradis est-il encore accessible, ou est-il définitivement perdu ? S'il est perdu, à quoi bon vouloir remonter le temps ? Les Grecs étaient peut-être très conscients de la vanité de leurs efforts, qui nous ont laissé tant de mythes désespérés, depuis celui de Sisyphe jusqu'à celui de Prométhée. Phryné était peut-être très lucide, ce qui la mettrait bien au-dessus des doctrinaires modernes de la volupté, qui ne sont que niais. Phryné savait peut-être qu'elle rêvait. Mais enfin son idéal, elle le poursuivait et le proposait en exemple. De même que Platon l'a voulue, elle ou Diotime sa pareille, l'égale de Socrate, elle s'est jugée elle-même l'égale d'Alexandre le Grand, et peut-être un peu au-dessus de lui.

A la suite d'une révolte de ses habitants, Alexandre avait rasé la ville de Thèbes, ne laissant subsister que la maison de Pindare. Quelques années après, Phryné proposa de faire reconstruire à ses frais les remparts de la ville, à condition que ces mots fussent gravés dessus :

DÉTRUITS PAR ALEXANDRE
RESTAURÉS PAR PHRYNÉ LA COURTISANE

Elle avait grand style, cette fille, grand style et beaucoup d'argent. Par sa beauté, elle se reconnaissait la mission de créer la paix et le bonheur autour d'elle, comme un conquérant par sa force répand autour de lui la terreur et la destruction. Il est même plus glorieux de reconstruire une ville que de la détruire. Il ne déplaisait pas à Phryné de protéger en outre la maison du plus grand poète grec et, si Alexandre vivait encore au moment où elle exprima ce projet, de braver en face le maître de l'univers.

Cette femme défiait tout, y compris, dans la patrie des Lois, la majesté divine des Lois. Elle fut accusée un jour d'avoir profané les Mystères d'Eleusis. Elle comparut devant le tribunal des Eliates qui tenait ses assises en plein air sur l'Acropole, juste au moment du lever du soleil. On peut imaginer la foule qui ce matin-là était venue voir juger Phryné la Courtisane. Le procès tournait mal pour celle-ci et le rhéteur qui la défendait, à court d'éloquence et voyant qu'elle allait être condamnée, s'approcha et, dégrafant le peplum de Phryné, découvrit aux juges et à toute l'assistance cette gorge parfaite dont Praxitèle nous a transmis les formes dans sa plus belle statue de Vénus.

Bien entendu, elle fut acquittée. Plus heureuse que Socrate, elle fut acquittée. Les Grecs croyaient qu'on ne pouvait offenser les dieux, quand on détenait tant de beauté. La beauté épanouie dans une telle perfection était peut-être, au-dessus des dieux, la manifestation visible du plus heureux destin. Les dieux mêmes lui étaient soumis.

* 6 — Voilà l'insolent modèle que, dès l'âge de treize ans, Marie-Madeleine s'était donné pour tâche d'égaler. Peut-on connaître les rêves d'une petite fille, quand elle sent monter en elle une sève brûlante à embraser le monde ? Aujourd'hui, les gamines de cet âge épinglent au-dessus de leur lit la photo d'un acteur de cinéma, elles rêvent d'être la première vedette d'un film et de régner sur les millions d'êtres obscurs qui, chaque soir de par le monde, s'intoxiquent de rêves et d'images sonores. C'est le mythe du Paradis perdu et la promesse du Diable qui éclôt dans un jeune cœur sa superbe fleur vénéneuse : « Vous serez comme des dieux ! »

Et si elle retournait vers les chroniques de son peuple, Marie-Madeleine pouvait lire dans sa Bible l'histoire de Judith, se parant somptueusement pour aller séduire Olopherne, et le tuer d'ailleurs. Et surtout elle pouvait lire l'histoire de cette ravissante Esther que son oncle, le pieux Juif Mardochée, introduit dans le harem d'Assuérus, pour qu'elle en devienne la favorite et, dominant le cœur du roi, qu'elle protège son peuple. Depuis Abraham fermant prudemment les yeux en Egypte sur l'enlèvement de sa femme pour le harem de Pharaon, et recevant les cadeaux de celui-ci, c'était une démarche typique, dans l'histoire du peuple élu, de déléguer une femme très belle entre lui et une puissance étrangère, que cette puissance fût hostile, menaçante ou simplement inconnue. Et c'est cette femme qui, par sa beauté, libérait son peuple.

Dans Platon, Marie-Madeleine apprenait que la beauté des corps est un moyen d'accéder à la Sagesse, et dans l'histoire de son peuple, elle apprenait que c'est aussi un prodigieux instrument de domination. Ces deux certitudes, qu'elle tenait dans son cœur et dans son sang, devaient en faire une fille pas ordinaire. Sûrement pas ordinaire en effet... L'Evangile nous dit que sept démons la possédaient. Et voilà où la grande aventure commence. Ce superbe petit animal allait inaugurer sa sarabande et sept anges de la nuit allaient lui souffler leurs génies. Génies de la luxure et de l'orgueil, génies de la tristesse et de la cruauté, génies de la curiosité, de la gourmandise et du mensonge.

Les gens qui n'ont vécu qu'en pays chrétien ne peuvent pas savoir ce qu'est un pays livré au Diable. Non qu'il n'y ait pas de démons en nos contrées, mais habituellement ils s'y cachent sous la terre et ne sortent de leurs profondes retraites qu'en observant les règlements de police et les ordonnances des psychiatres. Ils ne se sentent pas complètement chez eux et, pour se faire oublier des exorcistes, ils s'efforcent de rester dans le droit commun des conventions sociales. S'ils commettent un meurtre, ou débauchent une fille, ou souillent l'âme d'un jeune garçon, les journaux, le plus souvent, n'en disent rien, ou parlent d'accidents de la route, de prostitution clandestine ou de trafics de drogues. Mais le démon lui-même n'est jamais pris sur le fait et la main dans le sac.

Parlez au contraire avec n'importe quel missionnaire, n'importe quel officier colonial, il vous racontera cent histoires où la cruauté, l'impudeur, l'horreur se mêlent à l'étrange. C'est la marque du Diable.

Une fille d'Orient, comme Marie-Madeleine, d'une beauté à renverser les astres et qui le sait, qui vit jour et nuit dans l'intime complicité de sept démons qui lui mettent le feu dans les veines, est capable de mises en scène et de coups de théâtre à faire entrer sous terre tous les cinéastes de Hollywood. D'ailleurs nous en avons un exemple dans l'Evangile même, avec une autre fille de grande famille, qui allait être la fidèle compagne de Marie-Madeleine, et c'est Salomé, la fille d'Hérodiade. Elle s'y entendait, celle-là aussi, dans l'horreur, l'impudeur et la cruauté. Elle aussi devait avoir sept démons dans le corps, et du même calibre que ceux de Marie-Madeleine. Salomé et Marie-Madeleine ensemble et leurs deux fois sept démons, quand tout ce beau monde se déchaînerait, ce serait une fameuse corrida.

*7 — Tous les Hérodes ont aimé bâtir. Hérode le Grand, outre de nombreuses villes, un port, des stades, des temples païens et bien d'autres monuments à la manière romaine, avait restauré le Temple de Jérusalem. Son fils, le Tétrarque, dont la principauté comprenait la Galilée, avait aussi le goût de bâtir. C'était en plus un moyen de faire la cour à Rome. Hérode le Grand avait fondé une ville qu'il avait appelée Césarée en l'honneur d'Auguste. Le Tétrarque de Galilée voulut donner aussi une capitale à la Galilée qui n'en avait pas, et il l'appela Tibériade en l'honneur de l'empereur régnant, Tibère. Comme la grandeur d'un prince se juge à sa capitale et que le Tétrarque avait hérité des goûts fastueux de son père, il n'épargna rien pour que cette ville fût digne de lui et de Rome. Il y construisit un gymnase pour la jeunesse, des thermes et peut-être des arènes. Il l'orna de palais et, à l'exemple de son père, attira auprès de lui artistes et philosophes grecs. Mais il faut qu'une capitale soit habitée. Comme celle-ci était construite sur une ancienne nécropole, les Juifs ne voulaient pas y séjourner, de peur d'y contracter les impuretés légales attachées par la Loi au contact des sépulcres. Hérode le Tétrarque n'hésita pas à attirer dans sa capitale la population internationale la plus mélangée. Il comblait de privilèges, d'argent, de domaines, les personnalités qui lui faisaient la grâce de venir habiter près de lui, et surtout évidemment celles qui pouvaient parer sa cour, qu'il voulait brillante.

Cette ville de Tibériade avait à peu près l'âge de Marie-Madeleine. Magdala se trouve à une petite lieue de Tibériade. C'est donc tout naturellement que la belle capitale absorba la belle fille. Il faut savoir ce qu'étaient ces Cours orientales, leur faste et leur corruption. Bérénice, l'arrière-petite-fille d'Hérode le Grand, celle même dont Racine a fait une si touchante héroïne, n'avait que dix ans quand les prostituées de Césarée la prirent pour patronne et que la populace intronisa solennellement ses statues dans les maisons publiques de la ville. Elle était de quelques années plus jeune que Marie-Madeleine et Salomé.

Telles étaient les mœurs des princesses de ce temps-là et on pensait les justifier parfaitement par l'hellénisme. On n'était cultivé que si l'on était dissolu. A tous ces titres, Marie-Madeleine était parfaitement à sa place à la cour d'Hérode. On peut même supposer que c'est la cour d'Hérode qui a attiré d'abord cette jeune beauté de grande famille, puis l'influence d'Hérodiade qui a déterminé la belle Juive à secouer les derniers préjugés, pas très enracinés d'ailleurs, et à jeter, comme on dit, son bonnet par-dessus les moulins. Comment même penser que Marie-Madeleine ait échappé aux bienveillances du Tétrarque ? Car si Hérodiade était cruelle, elle ne devait pas être jalouse de celles qui lui étaient subordonnées, et ces Cours orientales étaient ce qu'elles sont aujourd'hui, des formes souples et commodes pour tous du harem.

Le maître de danse qui lui lit Platon et lui raconte l'histoire de Phryné, le beau cousin d'Alexandrie qui lui parle de Cléopâtre, l'exemple d'Esther, une fille de sa race qui entre dans le harem d'un roi païen et y conquiert le premier rang, l'attirance de la cour d'Hérode, l'influence d'Hérodiade et l'amitié de Salomé, il n'en faut habituellement pas tant pour débaucher une jolie fille.

Et les sept démons, n'oublions pas les sept démons, ce sont eux qui maintenant vont mener le jeu.

*8 — Nous sommes encore en ce moment comme le dramaturge qui, au premier acte, définit soigneusement ses personnages. Nous savons qui est Hérode, le tyran fastueux et débauché ; nous savons qui est Marie-Madeleine, Phryné à la Cour de ce prince ; nous savons qui est Hérodiade et Salomé, sa fille ; et si nous ne savons pas qui est le Diable, nous allons le savoir. Il manque pourtant un antagoniste à tout ce beau monde. Alors va paraître Jean-Baptiste, le Prophète.

Il y a dans une petite église du midi de la France un tableau qui représente la rencontre de la Vierge Marie avec la vieille Elisabeth, au moment où toutes les deux portent leur enfant. Les deux femmes s'embrassent. Le peintre a ménagé une fenêtre apparente sur les vêtements d'Elisabeth qui donne vue sur le sein maternel. En effet, à travers les carreaux, on voit le petit Jean, qui deviendra le Baptiste, installé chez sa maman comme dans un fauteuil, et qui, saisi d'enthousiasme, joue du violon.

Quoi qu'il en soit de ce concerto, l'Eglise a toujours célébré la nativité de Jean-Baptiste et admis que cette première rencontre avec le Sauveur avait, à travers la muraille des entrailles maternelles, agi sur lui comme un baptême, le délivrant dès avant sa naissance du péché originel. Alors il avait bien raison, son tressaillement ne le trompait pas, il avait bien raison de jouer du violon, le petit bout d'homme, en ressentant l'approche de la nouvelle Arche d'Alliance, ainsi que la Vierge Marie est appelée dans ses litanies, la Vierge Mère qui portait dans ses flancs le Sauveur du monde, celui qui seul pouvait faire oublier aux hommes le Paradis perdu et les guérir de leurs rêves, en leur ouvrant un nouveau Paradis et en leur donnant l'espérance certaine des fêtes éternelles. Le danseur David devant l'Arche et toutes les joueuses de flûte des Banquets platoniciens s'arrêteront de jouer et de danser devant cette harmonie inouïe. Désormais il n'y aura de joie inaltérable pour les hommes que sur cet accord fondamental qui jaillit des entrailles de la vieille mère Elisabeth.

Ainsi naquit le dernier des Prophètes de l'Ancien Testament, celui dont le Christ lui-même a dit que nul ne fut plus grand que lui parmi les enfants des hommes. On ne sait rien de son enfance. Mais dès qu'il eut l'âge d'homme, celui-ci, purifié dès le sein de sa mère, s'adonna dans le désert à la solitude et à la pénitence. Vêtu de poil de chameau, il se nourrissait de sauterelles et de miel sauvage. Il vivait sur les bords du Jourdain et de la mer Morte. Puis il commença de prêcher et de donner, dans les eaux du Jourdain, un baptême de pénitence, annonciateur, lui aussi, du vrai baptême qui allait venir. Celui que les Prophètes avaient appelé de loin à travers les semaines d'années et de siècles, lui, le montra du doigt : « Voici l'Agneau de Dieu, qui efface les péchés du monde. » Pour les siècles des siècles, à travers le monde entier, le peuple chrétien répète trois fois à la messe, et juste avant la Communion, cette étonnante invocation : « Celui qui efface les péchés des hommes et qui les délivre du rêve... »

Le rêve est la substance du péché, et précisément le péché n'a pas de substance, parce qu'il sort tout entier de notre cœur pourri. Le péché n'est pas dans les choses, il est en nous. Jean-Baptiste dénonçait le péché ; il ne l'effaçait pas. Il dénonçait le rêve, il n'en délivrait pas. Mais l'homme et son péché ne font qu'un. Le pécheur tient à son rêve plus qu'à sa vie, et c'est en cela qu'il est pécheur. Il hait d'instinct celui qui prétend le réveiller. Voilà pourquoi la rencontre de Jean-Baptiste avec la Cour d'Hérode ne pouvait être que tragique.

A l'autre bout de la Palestine donc — mais c'est un si petit pays — Jean-Baptiste attirait les foules dans le désert et leur prêchait la haine du péché et la nécessité de la pénitence. C'est ainsi qu'il en vint à parler d'Hérode, à lui reprocher publiquement son mariage incestueux avec Hérodiade, et bien d'autres crimes. Hérode le fit emprisonner dans la forteresse de Machéronte, sur les bords de la mer Morte. Il fit cela évidemment à l'instigation d'Hérodiade, à laquelle il était complètement soumis et qui vouait une haine solide à celui qui osait dénoncer tout haut le scandale de son union avec Hérode.

Hérode avait aussi des raisons politiques, les hommes politiques ont toujours des raisons politiques et ceux qui s'opposent à eux sont toujours accusés de faire de la politique. C'est une éternelle histoire. Mais il est vrai qu'Hérode redoutait un soulèvement du peuple. Tout se tenait d'ailleurs. La première femme d'Hérode, qu'il avait honteusement répudiée pour prendre Hérodiade, était fille d'Arétas, roi de Pétra, capitale d'un royaume qui arrivait jusqu'aux bords de la mer Morte. Arétas brûlait de venger l'honneur de sa fille, et il le fit d'ailleurs un peu plus tard, juste avant la mort de Tibère, en anéantissant l'armée d'Hérode. On conçoit que, dans ces conditions, ce roi, outragé par Hérode, ne pouvait voir que d'un œil très favorable la violente prédication du Baptiste et qu'il devait favoriser tout ce qui pouvait troubler les Etats de son voisin. La situation d'Hérode était difficile. Il avait besoin d'alliés à l'intérieur, parce qu'il était menacé à l'extérieur. Et voilà que cet ermite insolent, vêtu de poil de chameau, se permettait de soulever le peuple. Son compte était bon : la prison.

Mais redoutant un coup de main toujours possible d'Arétas sur Machéronte ou un soulèvement du peuple en faveur de Jean, dans cette contrée où il avait prêché, Hérode ne tarda pas à faire transporter son prisonnier à Tibériade, dans la prison de son propre palais. En Orient, chaque palais a sa prison et il n'est jamais très bon pour le prisonnier d'être si près du maître.

Il était impossible que l'arrivée du Baptiste ne produisît pas un très grand coup. Les Prophètes accouchent le Destin et portent avec eux la tragédie. Comme on disait au Moyen Age, le « Mystère » va commencer. Apparemment pour Jean-Baptiste, cela ne commença pas trop mal. Hérode fut enchanté de faire sa connaissance. Il le trouva intelligent, un peu rude, mais sympathique. Il prit l'habitude de le voir volontiers, et même de lui demander conseil. Hérodiade n'avait pas prévu cela. Elle allait y mettre bon ordre. Car pour des raisons un peu différentes, les jolies femmes aussi accouchent le Destin ou plus souvent l'avortent. Et c'est pourquoi Orphée fut déchiré par les Bacchantes. C'est la querelle de deux chants, l'un qui endort et l'autre qui réveille les hommes.

*9 — L'arrivée entre des hommes d'armes du fougueux et jeune prêcheur, célèbre par ses austérités, fut un grand événement pour toute la Cour. C'était un sel nouveau sur les plaisirs trop quotidiens. Les femmes furent avides de voir comment est un Prophète. Elles le trouvèrent beau comme la foudre. Et il est bien certain que pour ces femmes-sorcières, habituées aux blasés et aux pourris, nul n'était plus fascinant que ce jeune Prophète, avec une magnifique voix qui avait soulevé les foules, et une légende de violence et d'absolue pureté. Pour ces petites platoniciennes, imitatrices de Phryné et formées au culte de la beauté, habituées à se considérer les égales des princes, des artistes, des philosophes, quelle tentation inédite et savoureuse de se mettre au niveau d'un Prophète et d'essayer de l'envoûter par leur propre beauté. Pour Hérodiade, quel triomphe si elle pouvait faire emprisonner dans les rets de la volupté celui qui lui reprochait si âprement sa propre sensualité ! Certes l'entreprise a été tentée : Marie-Madeleine et Salomé ont rivalisé de charmes pour attirer l'attention du prodigieux captif. Hérodiade ne devait pas être la dernière à éperonner la coquetterie de ces deux possédées du Diable.

Mais il faut que l'entreprise ait été tentée, et qu'elle ait échoué, pour bien expliquer ce qui s'est passé plus tard. On sait de quelle férocité est capable une femme qui a déployé tous ses charmes pour séduire, et dont les charmes ont été méprisés. Une telle lèse-majesté est le blasphème des blasphèmes, et nul châtiment ne sera jamais assez grand pour le coupable.

C'était le jour anniversaire d'Hérode qui, à cette occasion, donna un grand repas aux princes, aux officiers de sa Cour et à ses amis. Comme encore aujourd'hui en Orient, les femmes n'étaient pas admises à table, mais on introduisait des danseuses au cours du repas. Salomé, la fille d'Hérodiade, dansa et souleva l'enthousiasme de tous, et particulièrement du Tétrarque, qui devant tous ses invités lui promit avec serment de lui accorder tout ce qu'elle demanderait, fût-ce la moitié de son royaume. La jeune fille s'inclina, sortit et raconta tout cela à sa mère. Hérodiade la persuada de rentrer dans la salle du banquet et de réclamer hardiment qu'on lui portât la tête de Jean-Baptiste sur un plateau. Hérode fut contristé. Il avait candidement pensé qu'une fille de quinze ans avait autre chose qu'une tête coupée à demander à un roi qui lui propose la moitié de son royaume. Mais il avait juré devant tous ses invités et il donna l'ordre au bourreau de lui rapporter la tête du Prophète. Le bourreau la rapporta sur un plat. Le roi donna le plateau à la jeune fille, qui le prit sans broncher et l'apporta triomphalement à sa mère.

Toute l'histoire a le style raffiné d'une vengeance de femme. Pour Hérodiade, c'est évident. Mais pour Salomé, cela n'est pas moins clair. Elle n'hésite pas une minute à accepter l'horrible proposition de sa mère, elle fait sa demande à haute voix et devant une grande assemblée d'hommes, et elle attend fièrement le retour du bourreau. En voilà une mise en scène ! C'est cette mise en scène qui serait inexplicable s'il n'y avait pas eu auparavant entre Jean-Baptiste et la jeune fille quelque chose pour provoquer l'affreux ressentiment de cette exquise beauté.

Le Prophète a donc été décapité et, sur un plateau d'or massif, sa tête, les yeux grands ouverts et ruisselante de sang, est passée de mains en mains, ces mains gracieuses des joueuses de flûte, des danseuses et de Phryné la Courtisane.

Ayant appris ce qui s'était passé, les disciples de Jean vinrent, prirent le corps et l'ensevelirent. Puis ils annoncèrent tous ces événements à Jésus, un jeune Prophète lui aussi, et cousin de Jean-Baptiste, qui prêchait tout près de là, à Capharnaüm. Rien ne manque donc à cet enterrement : la piété envers le cadavre, la cérémonie des obsèques, les regrets et le faire-part. On croit que c'est une fin... C'est un commencement.

10 — La tragédie grecque a toujours une conclusion fermée et tout y est prévu à l'avance. Au départ, le Destin abat ses cartes et il les joue l'une après l'autre dans un ordre invariable. Il n'y a rien à changer, quand tout est fini, il n'y a plus rien à attendre. Quand Œdipe, ayant accompli tous les oracles et s'étant enfin arraché les yeux pour ne plus voir un jour qui lui a été si néfaste, quitte sa patrie, guidé par Antigone, tout est fini, il n'y a plus rien à attendre, et si Antigone a aussi sa destinée, c'est une autre affaire où d'ailleurs elle demeurera elle-même et telle que nous la connaissons. Mais quelques années après la mort du Christ, le Diacre Etienne est lapidé par les Pharisiens, rien n'est fini, tout commence au contraire, le ciel s'ouvre sur une promesse et, parmi les assistants, il y a un petit jeune homme qui garde les vêtements des exécuteurs et qui s'appelle Saul de Tarse. Sur le chemin de Damas, il va changer, se convertir, devenir saint Paul. Ce garçon reprendra la tragédie là où Œdipe l'a laissée. Aveugle sur un chemin, mais c'est sa chance, et c'est à ce moment-là que son destin s'éclaire et s'extasie en ce que nous appelons d'un si beau mot une vocation. Œdipe est un vase brisé d'où le destin a fini de s'écouler. Sur le chemin de Damas où lui aussi il est aveugle et où il marche à tâtons, Saul est un vase d'élection. La

grâce, en comblant le Destin, le transfigure, fait rebondir toute l'histoire qui n'en finit jamais de porter des conséquences qui bouleversent les destins de ceux qui y ont été mêlés.

Un Prophète est beaucoup plus qu'une pythie ; et une prophétie est beaucoup plus qu'un oracle. Une prophétie n'exprime pas les arrêts d'un destin aveugle, une prophétie n'arrête pas l'avenir, elle l'ouvre. Et un Prophète ne porte pas de foudres, mais l'espérance. Sa mort même échappe à la fatalité. Il y a toujours une chance, ce que nous nommons la Grâce, et c'est sur cette chance que s'enchaîne la conclusion de la tragédie divine. La chance est là quelque part, on ne sait pas où ni sur qui, mais on sait qu'elle est là. La mission d'un Prophète ne meurt pas avec lui, il y a toujours quelqu'un pour en prendre la relève. Cette fois-ci encore, il en fut ainsi.

C'est en effet à ce moment que Marie-Madeleine quitta la Cour d'Hérode et peu de temps après qu'elle rencontra le Christ.

* 11 — Marie-Madeleine quitta la Cour d'Hérode parce qu'elle n'y pouvait demeurer davantage. Elle fut frappée d'une maladie terrible, d'un de ces fléaux du corps qui font horreur aux autres aussi bien qu'au malade lui-même, la lèpre par exemple si commune en ce temps-là, une de ces maladies dont nous disons si fortement qu'elles ne pardonnent pas. Hérode et sa Cour furent très affectés de son malheur, car elle était une amie très joyeuse et un des plus beaux ornements de cette Cour. Mais enfin on continua de s'amuser et elle fut oubliée.

Mais elle, comment eût-elle pu oublier ? Retirée chez elle à Magdala, abandonnée de tous, seule avec ses sept démons qui lui soufflaient dans l'âme le plus violent désespoir, et la nuit même l'horrible vision d'une tête ensanglantée hantait ses rêves. Alors elle avait envie de mourir et de se tuer, comme le fit Cléopâtre et comme la dialectique du Diable y pousse les grandes âmes. Tout n'était-il pas fini pour elle avec son corps qui tomberait en pourriture ? La voici harcelée, poussée à bout, fouettée par l'angoisse et souffletée par le désespoir. Dans sa chair et dans son cœur, elle éprouvait la vanité du rêve platonicien, l'impossibilité de redevenir Eve dans le premier Jardin, la cruelle et flamboyante interdiction posée pour toujours au seuil du Paradis perdu, l'affreux mensonge de l'antique promesse : « Vous serez comme des dieux, connaissant le bien et le mal. » Certes, le mal, elle le connaissait, elle y avait goûté à bouche-que-veux-tu. Mais le bien ? Existait-il seulement quelque part pour elle un soulagement, un bien vers lequel elle puisse encore tendre la main ? Pour avoir voulu coûte que coûte franchir le seuil interdit, atteindre et cueillir le fruit défendu, la voilà transpercée par l'épée de feu.

Que se passa-t-il ? Tout ce que le Prophète assassiné avait dit à cette femme, jusque-là si frivole, et qu'elle croyait n'avoir même pas entendu, lui revint à l'esprit. Elle était réveillée de son rêve, et c'était bien ce qu'il avait voulu. Elle se découvrait telle qu'elle était et comprit qu'elle avait encore plus mal à l'âme qu'au corps. Elle se souvint des terribles avertissements du Baptiste : « La hache est déjà à la racine des arbres. Tout arbre qui ne porte pas un bon fruit sera coupé et jeté au feu. » Le fruit de sa vie était mauvais, elle était donc retranchée des vivants et jetée au feu du châtiment. Par bonheur, elle se souvint aussi que le Prophète ne proférait pas que des menaces, qu'il parlait aussi de Celui qui allait venir, qui était déjà là quelque part, dont nul n'était digne de délier la chaussure et que lui, Jean, n'avait fait que précéder. Il en avait même parlé mystérieusement comme de l'« Agneau qui efface les péchés du monde ». Ah ! si elle pouvait trouver cet Autre, elle irait, se jetterait à ses pieds et, puisqu'elle ne pouvait plus demander pardon à Jean, c'est à cet Autre, plus grand encore que lui, qu'elle demanderait ce pardon.

L'espérance vint au-devant d'elle. Une de ses amies de la Cour d'Hérode ne l'avait pas oubliée. C'était Jeanne, l'épouse de Chuza, intendant d'Hérode. Quand elle sut que Marie-Madeleine était malade et abandonnée de tous, elle fut la voir et lui parla de Jésus. De retour auprès de Jésus, elle obtint de lui la guérison de son amie et qu'elle soit délivrée de ses démons.

Il y eut donc un moment, une heure dans le jour, où Marie-Madeleine fut délivrée du mal. Ses démons la quittèrent pour toujours. Et tout soudain elle recouvra la santé. Elle se regarda dans le miroir et y vit un corps sain, un autre visage, un regard purifié. Elle voyait clair désormais. Elle voyait combien elle s'était trompée, combien elle avait été trompée. Elle sut qu'elle était pécheresse, elle le reconnut, et elle sut en même temps qu'elle serait pardonnée. Sa vie entière, si insolente et en apparence si libre jusqu'à cette heure bienheureuse, lui parut un esclavage horrible et elle sut aussi que désormais elle serait libre. Sa solitude était brisée. Elle sut qu'elle n'était pas orpheline puisqu'elle était fille de Dieu. Le monde entier lui apparut fraternel. Elle serait réconciliée. Elle oublia d'un coup le Paradis perdu, parce que se levait dans son cœur l'aube d'un autre, et plus beau, et radieux Paradis éternel. Elle avait trouvé la Sagesse, le vrai chemin de la Beauté, qui n'a ni ombre, ni couchant.

DEUXIÈME PARTIE

# *Le Banquet de la Nouvelle Alliance*

12 — Qui était Jésus ?

Pour le tout-venant il était fils d'un charpentier de Nazareth, en Galilée, pays assez méprisé. Sa mère et Joseph lui-même, le charpentier, avaient gardé dans leurs cœurs le mystère de sa naissance. Pour tout le monde il était un homme comme les autres. Il n'avait même aucun de ces privilèges qui, au départ, imposent le respect. Il n'était pas riche, ni puissant, et si par sa famille il descendait de David, l'humble condition de sa vie semblait l'écarter de toute ambition. D'ailleurs les circonstances n'étaient pas tellement favorables à une revendication dynastique, et il y en avait de mieux placés que lui.

Il avait maintenant une trentaine d'années. Jusqu'ici, rien ne l'avait distingué. Cependant il avait commencé de prêcher d'abord dans les synagogues, où chacun pouvait commenter un texte de l'Ecriture, et ensuite en plein air sur les places publiques et aux carrefours. Mais cela même n'était pas très original. Aujourd'hui encore l'Orient est plein de prédicateurs ambulants et n'importe qui, doué du goût de parler, est sûr de trouver n'importe où un auditoire.

Jésus n'avait rien d'un philosophe, ni même d'un professeur. Il n'exposait pas un système rationnel et ne procédait pas selon un plan. Il parlait plutôt au petit bonheur, au hasard des circonstances. Mais il parlait bien, souvent par paraboles selon le génie de sa race, avec une extrême hardiesse d'expression et de sentiments. Mais qui était-il au juste ? Jean-Baptiste de sa prison lui avait envoyé deux de ses disciples pour lui poser une question très précise. « Etes-vous Celui qui doit venir, ou bien devons-nous en attendre un autre ? »

La question était solennelle. C'était tout l'Ancien Testament, depuis Adam et Eve chassés du Paradis terrestre, mais emportant dans leur misère une Promesse, jusqu'aux Patriarches et à cette longue lignée de Prophètes, qui avaient au cours des siècles maintenu l'espérance en cette Promesse prodigieuse, qui interrogeait Jésus par la bouche des deux émissaires de Jean, enfermé dans son cachot et qui, quelques jours plus tard, allait mourir.

« Etes-vous Celui qui doit venir ou devons-nous en attendre un autre ? »

Le peuple d'Israël vivait dans l'attente. Ce petit peuple orgueilleux et patient, à la nuque rebelle et au front obstiné, avait traversé bien des aventures au cours de sa longue histoire. Parfois vainqueur, souvent vaincu, il était toujours resté fidèle à lui-même, inassimilable parmi les autres peuples, identifié comme peuple et comme race par le culte au Dieu unique, le Très-Haut, Créateur du ciel et de la terre. Malgré ses défaillances, ce petit peuple avait porté à travers une histoire pleine de gloire et d'ordures, de grandeurs et de sang, le message de la plus haute Révélation. Ce message était consigné dans ses Livres Saints. Il était essentiellement composé de deux choses, données par Dieu à son peuple : une Promesse d'abord, ensuite une Loi.

La Loi était la Loi de Moïse, qui réglait le culte au Dieu unique et la vie morale et juridique du peuple élu.

La Promesse avait été faite au matin des jours, juste après la chute de l'homme et son expulsion du Paradis terrestre. Elle avait été faite à toute l'humanité pour la sauver du désespoir. Mais Israël seul en avait maintenu la tradition explicite. Cette Promesse s'était précisée et enrichie au cours des siècles par les messages des Prophètes. On savait qu'Israël aurait une participation décisive dans son accomplissement. Un fils d'Israël se lèverait du milieu de son peuple, lui donnerait libération, victoire et domination sur ses ennemis. Il serait l'héritier des rois d'Israël, de leur race, mais son Règne à lui n'aurait pas de fin.

* 13 — Au temps de Jésus, les choses étaient très compliquées. Israël avait perdu son indépendance politique et faisait partie de l'Empire romain. Mais l'Empire était l'organisation la plus souple qui soit. Il posait quelques garnisons aux points névralgiques, contrôlait les monarques nationaux, nommait des gouverneurs dans les régions les plus turbulentes, et pour le reste laissait faire les administrations locales, reconnaissait la légitimité de tous les cultes, sans en imposer aucun — même pas le culte à l'Empereur, qui était son culte — maintenait en place les habiles, se faisait des alliés dans tous les camps, régnait partout en arbitre plus qu'en despote, savait à l'occasion montrer sa force et s'en servir pour prouver à tous que, le bien de l'Empire étant l'ordre, cet ordre devait aussi être le bien le plus précieux de chaque nation et des individus, et qu'on ne le laisserait pas compromettre. Tant qu'on respectait l'ordre romain, on ne sentait pas la main de Rome. Mais cette main était lourde pour qui tentait d'y échapper.

Cette situation posait évidemment des problèmes aigus. L'occupation du territoire par une puissance étrangère aiguise toujours les problèmes. Elle favorise l'infiltration d'idéologies et de mœurs étrangères et provoque en même temps une réaction de nationalisme violent.

Rome respectant la propriété, les intérêts privés et les fonctions sociales, Rome assurant l'ordre, les classes dirigeantes étaient plutôt « collaboratrices ». Les classes dirigeantes dirigent tout vers leur intérêt propre et, dans la circonstance, leur intérêt était de partager la puissance, les prestiges et les bénéfices de l'occupant.

La plus haute classe de la nation juive était la caste sacerdotale. Le sacerdoce était héréditaire parmi les membres de la tribu de Lévi. Les prêtres étaient les gardiens du Temple et du culte, les gardiens de la Loi aussi, dans une nation où la vie sociale se confondait avec la vie religieuse. On eût pu croire que cette caste privilégiée serait le rempart du nationalisme. Pas du tout, c'est elle qui avait été le plus accessible à l'hellénisme, aux mœurs païennes et à l'amitié de Rome.

A l'opposition, une réaction. Les Pharisiens se voulaient séparés de toute compromission, par une extrême fidélité à la fois à la Loi et à leur indépendance politique. C'était un élément de « résistance », un levain permanent d'insurrection et de jugement critique dans la vie de la nation. Les Pharisiens étaient les purs, les inflexibles, ceux qui ne transigeaient pas, ceux qui pesaient toutes choses sur les plateaux de la Loi et des traditions nationales.

C'est un beau plaidoyer à faire que celui des Pharisiens. Il faudrait montrer leur effroyable pureté, la rigueur de leur caractère, l'éclat de leur idéal. Que voulaient-ils ? L'inflexibilité dans le service de Dieu, se tenir à l'écart de l'impureté et de ses contagions, recouvrer l'indépendance de leur patrie, faire d'Israël un escabeau d'or sans alliage où Dieu poserait son pied sur la terre. Les Pharisiens étaient passionnés d'une justice exacte, fervents de la Loi. Jamais monastère n'a connu d'observances plus strictes que les leurs. Ils en poussaient le raffinement jusqu'à la superstition et au martyre, multipliant à l'infini les commentaires et les prescriptions, contrôlant d'un œil aigu les manquements de tous et de chacun. Le zèle de la Maison de Dieu les dévorait. S'ils étaient hypocrites, il est permis de croire qu'ils ne le savaient pas, qu'ils croyaient seulement être fidèles.

Ils représentaient dans la nation une force de résistance par la pureté. Ils étaient purs et durs. On les respectait. Par l'intransigeance des traditions nationales ils personnifiaient l'espérance d'une libération. Leur orgueil leur paraissait légitime car il était celui de leur race et de son élection divine. Ils savaient que cette race, la leur, portait dans ses flancs la promesse du salut du monde par Israël, la semence d'un Roi qui libérerait son peuple, et dont le règne n'aurait ni frontières, ni fin. Ce libérateur serait le Messie, le Christ, c'est-à-dire l'Oint du Seigneur. Que n'auraient-ils sacrifié pour maintenir une telle espérance ? Ils seraient la troupe d'élite de ce chef à venir. Ils eussent mis le feu au monde pour cette libération. Ils avaient dans le peuple le prestige et l'investiture de cette intransigeance.

Dans la haute société d'Israël, le haut clergé était composé de Princes des prêtres, riches, politiciens, opportunistes, ménageant l'ennemi, assez souvent gagnés eux-mêmes à un concordisme théologique avec l'hellénisme, prêchant la paix. A l'autre extrême, les Pharisiens prêchaient la résistance. Entre les deux, les hommes d'affaires, les profiteurs, la haute bourgeoisie se ralliaient aux Hérodes qui représentaient la gloire d'une dynastie nationale amie de l'occupant et en tirant tous les bénéfices.

Comment Jésus s'y prit-il ? En quelques mois il s'était mis tout le monde à dos. Les purs et les pourris, qui se haïssaient entre eux, firent trêve à leur haine pour le haïr. Il faut bien le dire, car c'est éclatant dans la vie de Jésus, de toutes les puissances qu'il avait en face de lui, il n'en a respecté qu'une, et c'était précisément la puissance étrangère, Rome. Mais les puissances de sa patrie, les collaborateurs aussi bien que les résistants, il les a fouaillés de mots cinglants. Hérode n'est qu'« un renard ». Les Princes des prêtres, les Docteurs de la Loi, les Scribes, les Sadducéens sont mis au rang des hypocrites, de ceux qui tuent les Prophètes, des menteurs dont le vrai père est le Diable. Mais les pires sévérités, il les réservait aux purs, aux Pharisiens, « race de vipères », « sépulcres blanchis ». Jamais homme n'a provoqué le scandale et la haine des gens en place comme cet homme. Il scandalisait comme à plaisir.

14 — Nous sommes aujourd'hui très sensibles à tout ce que le christianisme a construit, d'autant plus sensibles que c'est plus menacé. Cela nous empêche de bien voir tout ce que Jésus a détruit. Son caractère fatal dans l'histoire de l'humanité et de chaque homme en particulier est qu'il pousse tout à l'extrême. Pour ou contre lui, il faut choisir, et quand on ne choisit pas on est doucement éliminé de l'histoire. Quand il se présente, il offre une chance inespérée, et celui qui la refuse finit par tomber en pourriture. Le monde marcherait si bien s'il ne se présentait pas...

Il est bien probable que si Jésus n'était pas venu, du moins à ce moment-là, le destin d'Israël eût été tout autre. La position de ce petit peuple n'était pas mauvaise en ce temps-là, et au sein de l'Empire. Il avait naguère encore, sous les Macchabées, montré une grande valeur militaire. Dans tout l'Empire sa place était privilégiée, dans le commerce et les affaires. Au point de vue intellectuel, il était demeuré longtemps en dehors de l'hellénisme mais, en commençant par la colonie juive d'Alexandrie, il s'y était mis et on entrevoyait le prodigieux enrichissement que pouvait être pour chacune d'entre elles la rencontre des deux traditions, grecque et juive. Enfin Israël possédait une dynastie, les Hérode, très liée d'amitié avec les César successifs, fastueuse, très hellénisée, amie des lettres et des arts, mais avec un minimum de respect pour les traditions et la religion nationales.

On pouvait espérer qu'avec le temps, sans rien casser, et en comptant sur le prodigieux libéralisme de Rome, les Juifs agrandiraient toujours leur place dans l'Empire, tant au point de vue économique qu'au point de vue politique et intellectuel ; que leurs femmes parviendraient aux plus hauts rangs, en attendant que peut-être un jour un empereur juif monte au Capitole, réalise les Prophéties en donnant à Israël l'Empire du monde. C'était bien une des possibilités de l'histoire, et pas tellement chimérique, si l'on songe que le Juif Philon d'Alexandrie allait devenir un des plus grands penseurs de l'époque, qu'une Juive de la famille des Hérode, Bérénice, allait quelques années plus tard manquer de peu un mariage avec Titus, héritier de l'Empire. En allant dans ce sens-là, sans rien renier des espérances nationales, on pouvait au contraire les combler. Il y avait bien quelques fanatiques en Israël qui jugeaient qu'une telle attitude était une compromission, et une telle espérance une trahison, mais ce n'était qu'une petite opposition, bruyante il est vrai, mais dépassée par le mouvement de l'histoire, des attardés que le succès engloutirait dans son immense remous. Les grands projets cheminent silencieusement par un effort obstiné et dans le sens même des événements. On ne peut rien contre le mouvement de l'histoire.

Jésus et le christianisme ont démoli en quelques années cette sage architecture. Jésus a revendiqué pour lui la tradition religieuse nationale et les Prophéties. Ce faisant, il n'a voulu s'allier ni avec les collaborateurs habiles, ni avec les résistants intransigeants ; il s'est opposé à eux tous de toutes ses forces et il a placé sa revendication sur un plan purement spirituel, plus haut que les ambitions temporelles. Il dissociait ainsi l'espérance messianique du nationalisme et cette espérance faisait toute la force de ce nationalisme. Il enlevait aux ambitions temporelles d'Israël la légitimité de la tradition et de la Promesse. Il fallait désormais choisir entre ces espérances temporelles et le message chrétien.

Il était naturel, trop naturel, que la nation juive — collaborateurs et résistants réunis pour une fois — choisît contre le message chrétien qui la frustrait de son rêve temporel, caressé depuis des siècles. La nation juive a consacré son refus du message chrétien par le meurtre juridique du messager. Pourquoi l'avoir acculée à ce choix ? Et elle y fut acculée.

La suite est une conséquence presque nécessaire. A partir de l'exécution du Christ, les éléments fanatiques de la nation, exaspérés par la propagation du christianisme, prirent dans la nation même le dessus, pour le combattre. En même temps, ils précipitèrent la nation dans la résistance à l'hellénisme et à Rome même. Rome vint et perdit la nation. En l'an 70, Jérusalem fut prise par Titus, et le Temple du Dieu d'Israël fut détruit.

*15 — « Etes-vous Celui qui doit venir, ou devons-nous en attendre un autre ? » avaient dit les envoyés de Jean, et leur question était une mise en demeure solennelle. La réponse fut non moins solennelle.

D'abord Jésus ne prononça pas une parole. Mais sur-le-champ, comme un prestidigitateur multiplie les tours pour éblouir un puissant visiteur, il avait entraîné derrière lui les deux émissaires ; ils avaient ensemble parcouru la foule, et Jésus avait multiplié les miracles, guérissant maladies et blessures, délivrant du démon et, dans un pays où les maux d'yeux sont fréquents et terribles, il avait rendu la vue à beaucoup d'aveugles. Alors, alors seulement, il parla : « Allez, dit-il, annoncer à Jean ce que vous avez vu et entendu : les aveugles voient, les infirmes marchent, les lépreux sont purifiés, les sourds entendent, les morts ressuscitent, les pauvres sont évangélisés. » Et résumant d'un mot ce qui allait être le drame de toute sa vie, il ajoutait : « Heureux qui ne sera pas scandalisé à mon sujet. »

Cette réponse, mimée dans les faits avant d'être exprimée en paroles, était d'autant plus éloquente et précise qu'elle se référait explicitement à un célèbre texte d'Isaïe, connu par cœur par tous ceux qui écoutaient, et tenu officiellement dans la tradition juive comme une Prophétie messianique, une Prophétie qui désignait explicitement le Messie, le Christ. La prendre à son compte en la réalisant, c'était se proclamer soi-même Messie et Christ. D'où l'extrême importance de cette réponse de Jésus qui calque le texte d'Isaïe. « Dieu lui-même viendra et vous sauvera. Alors les yeux des aveugles s'ouvriront à la lumière ; les oreilles des sourds résonneront à la parole ; l'infirme bondira comme le chevreuil ; et la langue des muets sera déliée. Et il y aura de nouveau un chemin et une route : on l'appellera la Route Sainte. »

Jean, qui avait tressailli de joie dans les entrailles de sa mère, à l'approche du salut, pouvait mourir dans la même allégresse. Il laissait après lui un chemin libre parmi les hommes. Tous ceux qui étaient égarés pourraient se retrouver.

* 16 — Les envoyés de Jean s'en étant retournés vers lui, le Christ se mit à faire l'éloge de Jean. Ses auditeurs se divisaient. Dans cette foule, Jean avait des amis et des ennemis et sur ce plan-là aussi le Christ recueillera exactement sa succession. Il aura les mêmes amis, les mêmes ennemis, beaucoup d'ennemis pour peu d'amis. Les Publicains et les pécheurs rendaient gloire à Dieu et au baptême de Jean, mais les Pharisiens et les Docteurs de la Loi méprisaient Jean et son baptême. Ils commençaient de mépriser Jésus aussi bien. Alors le Christ leur fit cette parabole : « Vous êtes semblables à des enfants assis sur la place publique, qui se parlent entre eux et disent : "Nous avons joué de la flûte et vous n'avez pas dansé. Nous avons fait des lamentations et vous n'avez pas pleuré." Jean-Baptiste est venu, qui ne mangeait pas de pain, qui ne buvait pas de vin, et vous dites : "Il a le Diable." Le Fils de l'Homme est venu, mangeant et buvant, et vous dites : "C'est un glouton, un buveur de vin, l'ami des Publicains et des pécheurs". »

Pour conclure aussi bien sa querelle avec les Pharisiens, sa propre justification d'être l'ami des pécheurs, que l'éloge de Jean-Baptiste, il ajoute cette parole étrange : « MAIS LA SAGESSE A ETE RECONNUE PAR TOUS SES ENFANTS. » (*Et justificata est Sapientia ab omnibus filiis suis.*) La place de cette parole dans l'Evangile est jaillissante de signification. Cette parole fait charnière entre la destinée de Jean et celle de Marie-Madeleine. Elle s'applique sûrement à Jean-Baptiste qui a reconnu l'Epoux de l'âme et sa divine Sagesse. Mais elle est encore plus prophétique du grand événement qui approche, et qui d'ailleurs est raconté immédiatement après : la rencontre du Christ avec la fille de la Sagesse grecque, la Diotime du Banquet platonicien, Phryné la Courtisane.

Mais la Sagesse a été reconnue par tous ses enfants. Comme le berger, en peine de sa brebis perdue, sonne de la corne, dans la montagne, avant que tombe le soir, pour qu'elle retrouve le chemin de la bergerie, cette parole du Christ appelait de loin Marie-Madeleine, la fille égarée de la Sagesse. Jésus s'est fait reconnaître comme le Messie, comme le Christ. Il va se faire reconnaître comme la Sagesse même incarnée.

Il se pose ainsi lui-même et pour toujours au centre et au confluent des deux traditions, hébraïque et hellénique. Jean, le dernier et le plus grand des Prophètes de l'Ancien Testament, lui a rendu témoignage et il est mort. C'est maintenant au tour de la dernière Prophétesse platonicienne, l'héritière de Diotime et de Phryné, de lui rendre son témoignage. La mission de Jean-Baptiste n'est pas morte avec lui. Comme une cigogne quitte une maison effondrée pour habiter sur une autre maison, la mission de Jean vient de se poser sur Marie-Madeleine. Elle continuera la mission de Jean et elle prolongera la prophétie dans le Nouveau Testament. Elle portera le témoignage plus loin que Jean. Jean avait réveillé les hommes du rêve du Paradis terrestre. C'est à Marie-Madeleine que reviendra l'honneur de montrer pour la première fois aux hommes l'autre Paradis, le vrai, le Paradis éternel.

* 17 — Un Pharisien nommé Simon invita donc le Christ à prendre chez lui un repas. La rencontre du Christ et de Phryné la Courtisane va se faire dans un banquet, dont celui de Platon n'était que la prophétique image. Le Christ accepta cette invitation et, à la manière antique, prit place à table à demi couché sur un lit ou sur une natte. Aujourd'hui encore en Orient, les convives sont assis ou demi couchés sur des tapis et des coussins, et la politesse est de se déchausser avant de prendre place. C'est facile d'ailleurs, car tout le monde porte des sandales.

Les convives avaient donc les pieds nus et il n'y avait peut-être pas de table, le plat étant posé au milieu et chacun se servant avec les doigts. Et ne nous croyons pas plus polis que ces gens-là parce que nous avons de la vaisselle et une fourchette. La politesse de ces vieux peuples, particulièrement celle de l'hospitalité, était infiniment plus raffinée que la nôtre. Ils avaient le sens, que nous avons perdu, du geste rituel. Leur code de politesse était à la fois minutieux, subtil, très conventionnel, mais d'une signification très vivante et très expressive.

En apprenant que Jésus était dans cette maison, Marie-Madeleine prit un vase de parfum et accourut. Ces vases de parfum étaient de petits chefs-d'œuvre sculptés et peints. Ils étaient scellés de telle sorte qu'il fallait briser le col pour répandre le parfum. On sacrifiait donc en même temps le vase et tout le parfum. Le vase que tenait Marie-Madeleine était particulièrement beau, en albâtre, réservé à un parfum de grand prix, un de ces parfums d'Orient qui pénètrent jusqu'au sang. Peut-être un parfum réservé au culte de Dieu et qu'il était interdit de répandre en l'honneur d'une créature.

La voici, magnifiquement vêtue, comme pour rencontrer un roi, parée de toute sa gloire de femme jeune, belle ; les yeux plus grands encore par la maladie et l'angoisse passée, portant dans ses mains gracieuses la fragile et précieuse amphore. Comme toute femme, belle et sûre de sa parure, hésite sur le seuil d'une salle remplie d'hommes, elle s'arrête un moment, éblouie aussi par l'ombre, après l'aveuglante lumière de la rue. Elle reconnaît enfin et sans l'avoir jamais vu son Seigneur, bienfaiteur et Maître à la place d'honneur. Elle n'avance pas encore, soupesant sur elle la convergence de tous ces regards d'hommes, l'étonnement de tous ces regards, faits d'admiration pour sa beauté et de réprobation pour sa personne. Alors elle affronte sans peur ce tir de barrage et, avec une humilité solennelle, vient s'agenouiller derrière le Christ, à ses pieds.

Prosternée aux pieds du Seigneur, elle les baisait. Tout à coup elle éclata en sanglots. Elle brisa le vase et répandit le parfum sur les pieds du Christ, et les larmes se mêlaient à cette onction. Alors dénouant sa chevelure, elle la répandit et essuyait les pieds du Seigneur avec ses cheveux. A sa manière et dans son style incomparable, sans un mot, elle venait de reprendre le témoignage de Jean, là où il l'avait laissé : « Voici l'Agneau de Dieu, qui efface les péchés du monde. » Elle reprenait aussi le témoignage que Phryné à Eleusis avait donné en rêve à la divinité. Elle rendait donc un hommage digne d'elle : le plus public, le plus luxueux, le plus silencieux et le plus éloquent qui soit.

L'hommage aussi le plus scandaleux pour un Pharisien. Le maître de maison regardait cette scène et disait en lui-même : « Celui-ci, si c'était vraiment un Prophète, il saurait bien qui est cette femme qui le *touche* et que c'est une pécheresse. »

* 18 — La vérité est que cette femme par sa présence en un tel lieu et par toute son attitude posait une ques-

tion. Cette question, le Pharisien ne pouvait la résoudre. Il ne pouvait même pas la comprendre.

Les Pharisiens étaient farouchement nationalistes, très opposés à l'intrusion des mœurs et de la vie helléniques dans leur pays. Ils s'affichaient eux-mêmes comme des « séparés ». Or Marie-Madeleine représentait l'idéal hellénique de la femme : elle le savait, elle le proclamait avec ostentation, par son vêtement, par sa conduite et par tous ses gestes. Mais il y avait plus. La Loi interdisait la prostitution, mais encore déclarait impur pour la journée, inapte à la prière et au sacrifice, quiconque venait d'avoir un rapport sexuel, même légitimement et dans le mariage. A plus forte raison dans l'état illégitime de l'amour libre que professait Marie-Madeleine. De tels êtres devaient être évités à tout prix, si l'on voulait demeurer « pur » et plaire à Dieu. Il ne fallait surtout pas se laisser *toucher* par eux. Leur seul contact suffisait à vous rendre vous-même impur pour un temps.

Or les Pharisiens étaient des gens à principes et à pratiques stricts, qui, loin de négliger la Loi, s'en déclaraient les défenseurs et la compliquaient indéfiniment d'observances encore plus strictes au sujet de cette pureté légale. D'après le Talmud, le bon Pharisien, lorsqu'il voit une femme, doit se cogner la tête contre le mur. Et pour les bons Pharisiens, une femme sadducéenne était impure, sans doute parce que les femmes des grandes familles sadducéennes étaient trop hellénisées et n'évitaient habituellement pas la fréquentation des païens. C'était bien le cas de Marie-Madeleine. Le Pharisien était donc très scandalisé de voir que cette femme *touchait* le Christ et que, bien loin de l'écarter avec horreur, le Christ se laissait *toucher* par elle. Automatiquement un tel contact le rendait impur, indigne d'offrir à Dieu le sacrifice et la prière. C'était pour le Pharisien tellement fort qu'il ne put pas croire que Jésus acceptait consciemment ce contact impur. Il préféra penser que Jésus ne savait qui était cette femme.

Evidemment, le Christ savait très bien ce que le Pharisien pensait en ce moment. Il n'y avait pas besoin d'être Prophète pour le deviner. Le Pharisien devait faire une drôle de tête, une tête à cogner le mur. A son habitude, le Christ redoubla le scandale. Il dit à peu près ceci : « Je sais très bien que cette femme est une pécheresse et que son contact peut souiller les autres. Je sais très bien qu'elle a jusqu'ici dépensé sa vie à entraîner les autres dans l'impureté. Mais cela n'a aucune importance POUR MOI. Par ce contact, ce n'est pas moi qui serai souillé, c'est elle qui sera purifiée. Parce que la source de toute pureté, c'est moi. La preuve en est que je remets à cette femme ses péchés.

» Vous vous imaginez, Simon, que je ne sais pas qui est cette femme. Mais c'est vous, Simon, qui ne savez pas qui je suis. Tandis que cette pécheresse, elle, a deviné qui je suis et que je suis l'Agneau qui efface les péchés du monde. Regardez-la : je suis entré dans votre maison et vous ne m'avez pas lavé les pieds ; celle-ci au contraire a lavé mes pieds de ses larmes et les a essuyés avec ses cheveux. Vous ne m'avez pas embrassé ; celle-ci, au contraire, dès le moment où elle est entrée, n'a cessé de baiser mes pieds. Vous ne m'avez pas oint la tête avec de l'huile ; celle-ci, au contraire, a oint mes pieds de parfum. C'est pourquoi, je vous le dis, beaucoup de péchés lui sont pardonnés parce qu'elle a beaucoup aimé. Celui auquel on a moins à pardonner aime moins. Et c'est désormais sur l'amour que vous serez tous jugés. Non sur la Loi, ou sur ce que celle-ci appelait la Sagesse, mais sur l'amour, hors duquel Loi et Sagesse ne sont qu'orgueil et folie. »

Et se tournant vers cette femme : « Vos péchés sont pardonnés », dit-il. Ceux qui étaient avec lui à table commencèrent de dire entre eux : « Pour qui se prend-il donc, celui-ci, qu'il ose même pardonner les péchés ? »

Mais lui ne les écoutait pas et dit à la femme : « Votre foi vous a sauvée. Allez en paix. »

Cette scène est admirable, peut-être unique dans l'histoire des hommes. C'est un transport de passion qui s'exprime dans tous les gestes de cette femme. Elle ne voit que Lui, n'écoute que Lui, ne s'occupe que de Lui, et elle accomplit en public à son égard les rites d'une vénération qu'aucune femme n'a peut-être jamais osés dans le secret de l'intimité. Et lui, avec quelle royale simplicité il reçoit le prodigieux hommage de cet amour !

Là où le génie de Marie-Madeleine éclate, c'est dans la manière dont elle dérange le cérémonial traditionnel, pour en improviser un à elle, celui de l'amour. C'est en cela qu'elle est si émouvante. C'est cela qui émeut même le Christ, et qu'il relève à l'honneur de cette femme. C'est là qu'elle est tellement au-dessus de Phryné, dans la révélation qu'elle nous porte de la divinité et dans la communion qu'elle nous ouvre à la divinité. Se mettant à la place du maître de maison, pour rendre au Christ les devoirs de l'hospitalité, elle prophétise que Dieu est venu parmi les hommes, non pour les justes, mais pour les pécheurs, pour leur salut. Il n'est vraiment chez lui parmi nous qu'au milieu des pécheurs, il n'est dignement reçu qu'avec des larmes de repentir, des baisers sur ces pieds qui portent la bonne nouvelle, les précieux parfums de notre pauvre sagesse. Et quel souverain au monde a eu, pour s'essuyer de l'onction royale, linge plus luxueux que la somptueuse chevelure de la Madeleine ? Il est venu pour convertir les pécheurs, mais il ne les convertit qu'en se faisant aimer. Voilà ce que, sans ouvrir la bouche, cette femme nous apprend.

19 — Pascal dit qu'il y a deux sortes d'hommes : des pécheurs qui se croient justes, et des justes qui se croient pécheurs. Par son geste et le pardon qu'elle a reçu, cette femme précipitait l'immense malentendu entre l'Ancienne et la Nouvelle Lois, qui se prolonge en bien des consciences baptisées qui, par vocation, appartiennent à la Loi nouvelle, mais, par formation et réflexe, appartiennent encore à l'Ancien Testament. Combien de chrétiens dans nos paroisses, et même dans les monastères, ont encore la conception d'une pureté légale qui les dispense de toute humilité, sinon de toute charité, pourvu qu'ils se sentent en accord avec une règle extérieure, fût-elle celle de l'opinion publique des dévots. Ils sont plus du côté de Simon le Pharisien que de celui de Marie-Madeleine. Le renversement est total, l'incompatibilité décisive entre ces deux races et on ne peut appartenir à l'une qu'en reniant l'autre, comme nous le montrent tant de paraboles de l'Evangile, la dureté du Christ pour les Pharisiens et sa miséricorde pour les pécheurs. Simon le Pharisien se croit « pur », et par là même il devient pécheur, impénitent puisque son péché est de croire qu'il est sans péché. Marie-Madeleine se sait, se reconnaît, se proclame « impure » et pécheresse ; et c'est pourquoi elle aborde la source

de toute pureté. Elle est justifiée dans cette humilité et cette contrition.

Cette révolution, la plus grande qui ait été faite dans l'ordre moral, les Pharisiens ne pouvaient la comprendre. Pour eux, la justice, c'est la pratique de la Loi, l'absence de tout manquement matériel à cette Loi. Les Grecs ne pouvaient pas comprendre davantage parce que pour eux il n'y avait pas de péchés, il n'y avait que des actions laides, mais qui n'atteignaient pas Dieu lui-même. L'idée que Dieu pouvait nous aimer et que nous pouvions trahir cet amour leur eût paru folle. Mais les Pharisiens trahissaient la Loi même dont le premier commandement est l'amour de Dieu. Et les Grecs ignoraient la vraie Sagesse, qui est d'accorder son cœur au cœur de Dieu. Et voici que cette femme, couverte de péchés contre la Loi et contre Dieu, vient d'être justifiée, admise à l'amitié de Dieu, dont le Pharisien est rejeté ; et que par là elle acquiert la plus haute Sagesse éternelle, promue elle-même bien au-dessus de son maître Platon.

C'est ici en effet que les deux Antiquités, celle de la pureté hébraïque et celle de la Sagesse grecque, qui jusqu'alors se sont affrontées si violemment — et récemment encore dans le cachot de Jean-Baptiste — convergent, éclatent, se fondent et s'extasient plus haut qu'elles-mêmes, plus haut que Platon et Moïse pouvaient le rêver, dans l'amour d'un homme qui est Dieu. Le Christ, en se mettant lui-même à la source de toute Sagesse et de toute pureté, se met au centre de la vie religieuse de tout homme, et du coup constitue la vraie religion, comme la religion de l'amour, de son amour. La parabole des dix Vierges, cinq folles et cinq sages, mais toutes vierges, nous prouve bien que désormais la pureté n'est rien sans la Sagesse, et aussi bien que la vraie Sagesse n'existe pas sans la pureté. Il faut l'une et l'autre pour entrer dans le Royaume. Mais la

pureté n'est pure que si elle est une pureté
Et la plus sage Sagesse est une Sagesse d'amour.

C'est vrai que l'originalité de la religion du Christ est d'être la religion de l'amour, c'est pourquoi elle est par excellence la bonne nouvelle, le salut accessible à tous. Quelle merveille, qu'il suffise d'aimer ! On n'est jamais chrétien que dans la mesure où l'on aime, et non autrement. C'est vrai aussi que le Christ est personnellement au centre de cette religion de l'amour, « le seul éternellement aimé ». Il est à la fois l'objet suprême et la source la plus haute de l'amour des hommes, pour lui et entre eux, parce qu'il est la pureté dont ils ont tous la nostalgie, et parce qu'il est la Sagesse, qui seule peut leur donner la paix. Il est le Roi du Cantique des Cantiques. Il est l'Epoux dans un sens plénier, jamais entrevu jusqu'à lui — sinon par les Prophètes d'Israël, mais qui l'annonçaient, lui — il est l'Epoux de l'âme. Celui qui est l'époux peut, à ce titre, exiger la pureté, mais le Christ ne l'exige que parce qu'il la donne et qu'il pardonne les péchés. Il n'y a au monde de pureté que celle qui découle de lui et de son amour. Et il n'est pas sage parce qu'il aime la beauté et qu'il désire la contempler. Il est lui-même la Sagesse : par son amour, il crée et ordonne toute beauté.

Voilà pourquoi le Roi du *Cantique des Cantiques* appelle sa Bien-Aimée à la fois son épouse et sa sœur : *Soror mea Sponsa.* La Bien-Aimée est l'épouse du Roi parce qu'elle tient de lui la pureté, et elle est sa sœur parce que ce n'est que par ressemblance avec lui qu'elle est belle, sa Sagesse est de lui ressembler comme une sœur à son frère. Marie-Madeleine est désormais la Bien-Aimée du Cantique, épouse du Roi par sa pureté, sa sœur par la Sagesse. Mais elle n'est l'une et l'autre que parce qu'elle aime et qu'elle est aimée.

Comme on a dit d'Isaïe qu'il avait écrit à l'avance un cinquième Evangile, tant est précise sa prophétie de la Passion, on peut bien dire, dans le même sens, que le *Cantique des Cantiques* est la première histoire de Marie-Madeleine : « Sur mon lit, à travers les nuits, j'ai cherché Celui que mon âme aime. Je l'ai cherché et je ne l'ai point trouvé. Je me lèverai. Je parcourrai la ville, à travers les rues, à travers les places, je chercherai Celui qu'aime mon âme. Je l'ai cherché et je ne l'ai point trouvé. Les gardes m'ont rencontrée, ceux qui gardent la Cité : "Avez-vous vu celui qu'aime mon âme ?" Et quand je les ai eu un peu dépassés, j'ai trouvé Celui qu'aime mon âme. Je l'ai tenu et je ne le laisserai pas aller, que je ne l'aie introduit dans la maison de ma mère et dans la chambre de celle qui m'a enfantée. »

Déjà dans sa vie de grande courtisane, sur son lit à travers les nuits, et dehors dans ses promenades provocatrices dans les rues et sur les places publiques, elle cherchait Quelqu'un qu'elle n'a pas trouvé parmi ses amants de rencontre. Et elle ne pouvait pas le trouver parmi eux, mais c'est bien Lui et Lui seul déjà qu'elle cherchait, « Celui qu'aime son âme », égarée par son corps. Ces gardes qu'elle a interrogés, qui ne lui ont pas répondu, ce sont les Gardiens de la Cité où régnait Phryné, les artistes, les philosophes, les Princes de l'art et de la volupté, ceux dont parle Platon dans *la République*, et Platon, Platon lui-même, la Sentinelle de la Cité du rêve. Elle a dû les dépasser tous pour trouver « Celui qu'aime son âme ». Mais enfin elle l'a reconnu et trouvé. Cette fille de la Sagesse entre avec lui dans la même maison, la maison de sa mère, la Sagesse. « Et la Sagesse a été reconnue par tous ses enfants. »

Les Juifs attendaient le Messie. Jean-Baptiste l'a montré du doigt, l'a désigné en même temps comme l'Epoux de l'âme. Les Grecs recherchaient la Sagesse. Marie-Madeleine l'a trouvée et lui a fait l'hommage de son plus précieux parfum. Ce que les Grecs n'avaient pas imaginé, c'est que la Sagesse serait incarnée dans un homme parmi les hommes. Marie-Madeleine l'a trouvée et reconnue. Elle est, dans la ligne de la recherche grecque, ce que Jean-Baptiste fut dans la ligne des Prophètes d'Israël. Mais elle n'a pu reconnaître la Sagesse qu'en entrant dans le témoignage de Jean sur l'Agneau qui efface les péchés du monde. Ce n'est qu'en devenant l'Epouse du Roi qu'elle est aussi devenue Sœur bien-aimée de la Sagesse : *Soror mea Sponsa.*

* 20 — Si l'on prétend faire un portrait parfaitement loyal de Marie-Madeleine, il est une question qui ne saurait être évitée. Quelle était exactement la nature du sentiment qui l'unissait au Christ ? C'est très bien de l'appeler la Bien-Aimée du Cantique, mais dans le clavier des affections humaines, quelle touche fait-on ainsi résonner ? Quand nous disons en termes poétiques que Marie-Madeleine est la Bien-Aimée du Cantique, cela veut-il dire en prose qu'elle était amoureuse du Christ ? A moins de faire du Christ un personnage complètement abstrait, et de Marie-Madeleine une femme construite dans la pierre la plus froide, la question ne peut pas ne pas se poser. Or nous savons que, tout en étant Dieu, le Christ n'en était pas moins un homme très concret, très vivant, un homme vrai ; et que Marie-Madeleine était femme.

Pour tout simple observateur du cœur humain, un romancier par exemple, il est impossible que Marie-Madeleine ne fût pas amoureuse du Christ. Il guérit cette femme d'une maladie grave et peut-être horrible, il la délivre de l'esclavage de sept démons, il accepte publiquement son geste d'hommage, il prend non moins publiquement sa défense et il humilie ses ennemis. Il est beau, jeune, éloquent, courageux et cerné de périls, avec quelque chose d'inaccessible, d'étrange et de sacré, que n'ont pas les autres hommes. La gratitude et l'admiration ouvrent très habituellement le cœur d'une femme à l'amour. Cette femme est en outre très sensible à l'amour, elle n'a pensé qu'à cela toute sa vie. Elle se sait distinguée, elle se sait préférée. Elle trouve en cet homme un refuge, une force, une noblesse. Voilà les éléments humains mais irréfutables du problème.

Prenons du champ.

De même qu'il y a des corps puissants et des corps faibles, il y a des âmes grandes et des âmes petites. Parfois c'est l'âme qui engage le corps après elle dans ses aventures : et alors c'est elle qui impose au corps même sa loi et son style. Parfois c'est le corps qui entraîne l'âme dans ses aventures à lui : alors c'est lui qui fait la loi et tout le reste de l'aventure s'en ressent. L'amour le plus humain est évidemment celui où l'âme commande. Si cette âme est égoïste et perfide, son amour en sera noirci et le corps même sera utilisé comme un instrument d'égoïsme et de perfidie. Mais si l'âme est généreuse et pure, l'amour aussi sera pur. Pureté et sagesse descendent de Dieu jusqu'à l'âme, qui les communique à l'amour. Si l'amour est assez fort, le corps lui obéit, et lui aussi est sage et pur.

Il est vrai qu'il y a, même sur le plan naturel, une certaine qualité d'amour, qui est plutôt dégradée par la sexualité que renforcée par elle. C'est ce que l'« Amour courtois » avait si bien compris.

Que veut dire le mot « épouse » ? Certes on conçoit très bien qu'un mariage n'est pas parfait, tant qu'il n'est pas consommé dans la chair. Mais une épouse ne donne pas que son corps, elle se donne corps et âme à son époux. Il est évident qu'à travers son corps, l'époux étreint l'âme.

Dieu est l'époux de l'âme. L'acte de contemplation est une étreinte de l'âme par Dieu, aussi totale, aussi poignante, aussi vertigineuse que l'union de deux corps. Elle est plus profonde, plus vivante encore, plus féconde et plus pénétrante. Et à travers l'âme, c'est tout l'être qui est saisi par Dieu. Tel est le sens du vœu de virginité dans le christianisme. C'est d'une telle étreinte de l'âme que Marie-Madeleine avait été saisie.

Dès lors on peut bien dire qu'elle aimait le Christ, qu'elle l'aimait de tout l'élan de son être. Cet amour était sage et pur, il obéissait. D'ailleurs tous les saints ont désiré mourir pour le Christ, ce qui est une preuve physique d'amour, bien plus violente et convaincante que toute autre. L'amour de Marie-Madeleine pour le Christ allait à l'extrême, et c'est pourquoi il était pur. Seule l'âme pousse les choses à l'extrême, même son corps qu'elle réduit à la servitude de son amour. Telle était la grande âme de Marie-Madeleine : tout l'être de cette admirable créature était dans la servitude de son amour contemplatif, même son corps. C'est pourquoi elle désirait mourir pour le Christ. Telle était la signification de son hommage, quand elle brisa sur les pieds du Christ le précieux vase de parfum.

Le secours que nous recevons des saints et du Christ lui-même n'est pas qu'ils aient été eux aussi empêtrés dans nos difficultés, c'est qu'ils les aient résolues, et qu'ils nous aident à les résoudre. Il fallait qu'il émanât de cet homme, qui était le Christ, une lumière, une force bien au-dessus de la nature pour délivrer de toute obsession, apaiser, ordonner et en même temps épanouir l'amour d'une femme ardente et passionnée, comme était Marie-Madeleine. C'est ce miracle-là que Jean-Baptiste n'a peut-être pas pu faire avec Salomé.

Marie-Madeleine nous offre l'exemple d'une très grande âme dans un corps magnifique. Cette âme d'abord s'est trouvée, avec la complicité du Diable, captive de ce corps et de ses désirs désordonnés. Il en a fait ce qu'il a voulu. Puis Marie-Madeleine a rencontré le Christ. L'influence sur elle du Sauveur a été de délivrer cette grande âme de l'esclavage du corps et du démon, de lui rendre toute sa stature, de la purifier et de l'assagir. Marie-Madeleine n'a pas pour autant renoncé à l'amour, bien au contraire. Elle découvrait que jusque-là, tout ce qu'elle avait appelé de ce nom était bien misérable, bien au-dessous de sa grande âme. Désormais, c'était son âme qui entraînait le corps dans l'amour et dans son aventure à elle.

Désormais plus que Phryné dans le Jardin du rêve, elle est libre. Plus qu'Eve même dans le premier Jardin, elle est libre. Dans le Jardin obscur de la Grâce, Marie-Madeleine est libre parce qu'elle est Reine, Sœur et Epouse du Roi.

* 21 — A partir de sa conversion, Marie-Madeleine s'agrégea à la petite troupe des disciples qui entouraient le Christ et le suivaient dans ses allées et venues. Comme Phryné avait voulu protéger la maison de Pindare, elle utilisait sa fortune pour l'entretien de la caravane. Plus pauvre que Pindare, le Fils de l'Homme n'avait pas de quoi poser sa tête et sa maison n'était qu'un camp volant. Cette caravane faisait sensation, et même une sensation assez scandaleuse. Le Christ imposait un tel respect que les Pharisiens n'osaient rien lui dire à ce sujet, mais ils ne se privaient pas de faire observer à ses Apôtres que leur Maître faisait sa compagnie de Publicains et de pécheurs. Avec Marie-Madeleine, très connue comme pécheresse, il y avait en effet dans la troupe, Matthieu, un ancien Publicain.

On appelait « Publicains » tous les fonctionnaires, petits et gros, chargés de collecter les impôts. Les Publicains étaient profondément haïs, parce que l'impôt est toujours détesté et qu'en plus en ce temps-là la coutume était qu'à tous les échelons les Publicains gardaient toujours une bonne part de la collecte. Ils étaient donc assez peu scrupuleux sur les moyens de faire rentrer l'argent. « Tous les Publicains sont des voleurs », était dvenu un proverbe universellement répandu dans l'Empire. Chez les Juifs, ils étaient en outre profondément méprisés pour des raisons sociales et religieuses. Ils travaillaient pour Rome et pour les païens, c'étaient des renégats, des « collaborateurs » et pratiquement des excommuniés. Les Pharisiens prétendaient même qu'un Publicain était incapable de repentir et par conséquent de pardon. Le drame du Christ porte aussi sur ce point : pour eux, certaines catégories de gens étaient damnés de la terre. Le Christ affectait au contraire de recruter les élus de son Royaume parmi ces damnés. Tel était le cas pour Matthieu et Marie-Madeleine.

Certes l'un et l'autre avaient abandonné leurs vies de péché et s'étaient convertis. Mais ce n'était qu'un scandale de plus d'ouvrir l'espérance du Royaume de Dieu à de telles gens. Cette seule pensée du libre accès du Royaume à des impurs mettait la rage au cœur des Pharisiens dont l'idéal était l'antique idéal de Josué : exterminer les pécheurs de la face de la terre. Bref, la compagnie du Christ était de bien mauvais aloi.

Mais loin d'abandonner cette ligne de conduite, le Christ prétendait au contraire la justifier. Comment ne pas croire qu'il s'agissait d'abord de Marie-Madeleine et de Matthieu dans cette parabole qu'il proposa un jour aux Pharisiens ? « Que vous en semble ? dit-il. Un homme avait deux fils. Il vint à l'un et lui dit : "Mon fils, va aujourd'hui travailler dans ma vigne." Celui-ci répondit : "Non, je ne veux pas." Mais ensuite il se repentit et il y alla. Le père vint à son autre fils et lui fit la même demande. Celui-ci répondit : "J'y vais, Seigneur." Et il n'y alla pas. Lequel de ces deux fils a accompli la volonté de son père ? » — Ils lui répondirent : "Le premier." Jésus leur dit : « En vérité, je vous le dis, les Publicains et les courtisanes vous précéderont vers le Royaume de Dieu. »

Les Pharisiens prétendaient servir la Loi, dont le premier commandement est l'amour, et ils haïssaient l'amour. Marie-Madeleine et Matthieu avaient vécu sans souci hors la Loi, jusqu'au jour où, s'étant convertis à l'amour, ils accomplissaient dans l'amour la Loi et les Prophètes. Certes, ils s'étaient convertis. Matthieu n'était plus Publicain. Marie-Madeleine n'était plus pécheresse dans la cité. Une conversion est une rupture totale avec ce qui est mal. Mais tout cependant peut ne pas être mal dans une vie pécheresse. Quand un avare aime l'argent par-dessus toutes choses, il doit cesser de l'aimer pour devenir chrétien. Mais Marie-Madeleine, par-dessus toutes choses, avait aimé la Sagesse. Elle s'était trompée sur la nature de la Sagesse et sur le chemin pour l'atteindre. Elle en avait cru Platon, que la voie de la Sagesse est la volupté et la jouissance des corps et de leur beauté. C'est ainsi qu'elle avait été une courtisane. Mais même dans la débauche, ce qu'elle avait avidement cherché, c'était la Sagesse. Cette recherche était bonne, bien que les moyens en fussent mauvais. Sa conversion consiste en ce fait qu'ayant enfin trouvé la Sagesse dans la Personne même du Christ, Marie-Madeleine s'était attachée à lui par-dessus toutes choses et à l'exclusion de tout le reste, car ce qui est le plus aimé est aimé plus que tout le reste à la fois. Mais si, auparavant, elle n'eût pas aimé déjà la Sagesse, elle ne l'eût peut-être pas reconnue. S'étant convertie, elle n'avait pas renoncé à la Sagesse, de même qu'elle n'avait rien perdu de sa beauté, ni de son allure de reine.

C'est aussi sans doute très précisément à Marie-Madeleine que le Christ pensait, quand il parlait de la Reine de Saba qui était accourue des extrémités de la terre pour ouïr la Sagesse de Salomon. Il ajoutait : « Et il y a, ici même, plus que Salomon. » Marie-Madeleine était aussi plus que la Reine de Saba. Oh ! elle n'avait pas renié Platon, elle avait trouvé plus que Platon. Elle s'abreuvait désormais à la source même de toute Sagesse.

22 — Quelle était l'éloquence du Christ, soit qu'il parlât en public, soit qu'il entretînt une conversation

intime, nous ne pouvons l'imaginer. L'Evangile ne nous en donne que quelques indices. Une fois on lui envoie des soldats avec mission de l'arrêter. Quand les soldats arrivent auprès de lui dans le Temple, il était en train de parler à la foule. Les gendarmes l'écoutent et s'en retournent. « Jamais Homme n'a parlé comme cet Homme », disent-ils à leurs chefs pour s'excuser de ne pas l'avoir arrêté. Quand on connaît la rigueur d'une consigne militaire, cette réponse est ahurissante, et c'est bien le comble de l'éloquence que de tenir sous le charme des gendarmes munis d'un mandat d'arrêt.

Une autre fois, après la Résurrection, Jésus, sans se faire d'abord reconnaître, rejoint deux disciples sur la route d'Emmaüs. Il leur parle tout en marchant. Ils diront ensuite, comme pour s'étonner de ne pas l'avoir reconnu à ce seul signe : « Est-ce que notre cœur n'était pas brûlant au-dedans de nous, tandis qu'il nous parlait chemin faisant ? »

Ah ! non, Marie-Madeleine n'avait pas renié Platon. Elle se souvenait de l'éloge de Socrate par Alcibiade, à la fin du *Banquet*, quand le bel aristocrate d'Athènes dit du plus haut Sage de l'Antiquité qu'il ressemble aux statues de Silène : et quand on les ouvre, on y trouve les figurines des dieux. Alcibiade ajoutait que Socrate ressemblait encore plus au divin Marsyas, dont les mélodies, qu'elles soient jouées par un grand flûtiste ou par une maladroite joueuse de flûte, sont les seules à mettre en état de possession et, parce qu'elles sont divines, sont les seules à initier ceux qui en sont dignes à la familiarité des dieux. « Toi, disait Alcibiade à Socrate, ce n'est pas avec les sons d'une flûte, c'est avec des paroles que tu nous enchantes plus que Marsyas. Même quand tes paroles sont rapportées par quelqu'un d'autre, cet autre serait-il un pauvre sire, nous en éprouvons tous un trouble profond. Nous sommes possédés par les dieux. »

Marie-Madeleine avait rencontré, dans une réalisation

sublime, tout ce que Platon lui avait fait entrevoir. Jésus, elle le savait, contenait non pas seulement les figurines des dieux, mais la Divinité elle-même. Cet homme qu'elle aimait était Dieu en personne. Son éloquence, qui subjuguait les foules, faisait brûler son cœur au-dedans d'elle, ce lui était une musique de paroles qui l'initiait à la familiarité et à la contemplation de Dieu. Elle en était possédée. Quand elle écoutait le Christ, elle était ravie à elle-même et à tout ce qui l'entourait. Rien ne pouvait la distraire de cette parole.

* 23 — Les hasards de la route et sans doute une grande fête à célébrer rapprochèrent la caravane de Jérusalem. La famille de Marie-Madeleine possédait là, aux portes mêmes de la ville, un domaine et une grande maison et c'est tout naturellement que Jésus descendit dans cette maison, où résidaient la sœur et le frère de Marie-Madeleine, Marthe et Lazare. L'endroit s'appelait Béthanie, près de Jérusalem, comme Magdala l'était de Tibériade. Cet endroit et cette famille allaient jouer un rôle important dans la vie du Christ, le rôle même de l'amitié.

Le Christ était dans la maison et Marie était assise à ses pieds et l'écoutait parler. Marthe, elle, s'affairait aux pressantes besognes du ménage, et aux soins de nombreux invités. Tout à coup, Marthe s'arrêta solennellement, et il semblait que le soleil aussi allait s'arrêter dans le ciel. « Seigneur, dit-elle, cela ne vous fait rien que ma sœur me laisse toute seule pour servir ? Dites-lui donc de m'aider. » Et Jésus dit : « Marthe, Marthe, vous êtes préoccupée et vous vous troublez pour trop de choses, alors qu'une seule est nécessaire. Marie a choisi la meilleure part, qui ne lui sera pas enlevée. »

De même qu'elle est le modèle des pénitents et des convertis, l'Eglise a fait de Marie-Madeleine la patronne des âmes vouées à la contemplation. Et avec juste raison, elle a toujours désiré la contemplation. C'est même cette scène à Béthanie où Marthe s'affairait, et où Marie restait assise auprès du Seigneur à l'écouter, qui est devenue le symbole des deux vies, la vie active et la vie contemplative, au sein du christianisme. « Marthe s'agitait, Marie festoyait », dit saint Augustin, marquant d'un mot pittoresque l'opposition des deux vocations.

24 — Comme il est normal que Marie-Madeleine ait reçu la vocation contemplative ! L'accent de son âme était la joie. Elle était passée de la volupté à la contemplation, des joies périssables à la joie qui n'a ni frontières ni fin. Une âme qui préfère la tristesse à la joie ne sera jamais contemplative. Certes il faut choisir entre la volupté et la contemplation, et l'erreur de Platon est d'avoir cru que la volupté pouvait être une étape vers la contemplation. Elle y est obstacle. Mais la vérité de Platon est que seules les âmes douées pour la joie sont aussi douées pour la contemplation.

En rencontrant le Christ, Marie-Madeleine a compris tout cela. Elle a définitivement choisi contre la volupté et elle regarde sa vie passée pour ce qu'elle est, une vie de péché qui lui fait horreur. Mais elle n'a pas renié la joie. Comment la renierait-elle, quand elle se sent dans tout son être frémir de bonheur à la seule vue du Christ, son Seigneur et son bien-aimé ? Il y a un abîme entre la volupté et la contemplation, un abîme qu'il faut sauter à pieds joints, on ne peut pas garder un pied sur chaque bord. Mais c'est juger d'une manière bien grossière, quand on est sur la rive de la volupté, de croire que l'autre rive est celle de la tristesse. L'autre rive est celle de la plus grande joie.

Une sainte religieuse enviait aux prostituées le titre admirable en effet de « filles de joie ». Marie-Madeleine a toujours été fille de la joie, par opposition à son active sœur, qui est évidemment une « fille de peine ». L'opposition des deux sœurs est ainsi plus profonde qu'on ne l'imagine et repose sur une différence des natures, autant que des vocations. Il est bien probable que Marthe n'a jamais rien compris à Madeleine, ni à sa première vie de sensualité, ni à sa seconde vie de contemplation. Comme toute personne raisonnable, efficace, responsable de la bonne marche de ce monde, Marthe est contre le loisir et la joie.

Oh ! on ne reproche rien à Marthe, on est au contraire bien content qu'elle existe. Mais c'est elle qui reproche à Marie-Madeleine de ne rien faire. Avec un parti pris constant, comme il a pris la défense de Madeleine contre le Pharisien, le Christ prend encore la défense de sa préférée. « Marthe, Marthe, dit-il, vous vous inquiétez de bien des choses, alors qu'une seule est nécessaire. Marie a choisi la meilleure part qui ne lui sera pas enlevée. » Les utilités de ce monde passeront, mais la jouissance de Dieu, Dieu lui-même comme nôtre et possédé par nous, ne passeront jamais. Ils sont désormais notre destin définitif. Et les plus grandes œuvres de la vie active n'ont finalement de valeur qu'autant qu'elles nous introduisent, par le service de Dieu, dans sa joie. « Entrez dans la joie de votre Seigneur. » Entrez, mais entrez donc, car si vous n'entrez pas, vous manquez tout, vous vous manquez vous-même définitivement.

Quand la grâce de la contemplation est accordée à une âme, c'est sa faim ontologique la plus profonde qui est en même temps assouvie et stimulée. C'est pourquoi elle est si souvent comparée à un banquet, à une fête, à des épousailles. Ce n'est pas la contemplation qui est dure, c'est la pénitence qui la précède nécessairement, et qui prépare l'âme à la contemplation. Marie-Madeleine reste un modèle pour l'une et pour l'autre. Elle est l'héroïne du Banquet chrétien.

Marie-Madeleine a réalisé, avec l'intense pureté d'une parabole, les prophéties de Jean-Baptiste. Le plus grand et le dernier des Prophètes de l'Ancienne Alliance avait dit en désignant le Christ du doigt : « Voici l'Agneau de

Dieu, qui efface les péchés du monde. » Et Marie-Madeleine est devenue aussitôt le modèle des pénitents et des convertis de la Nouvelle Alliance. Jean avait dit du Christ : « Il est l'Epoux. » Marie-Madeleine est devenue aussitôt le modèle des âmes contemplatives et la Bien-Aimée du Cantique. La pénitence a délivré Madeleine de l'étincelant Jardin du rêve, qui n'était que le mirage du Paradis perdu. La contemplation l'introduit dans le Jardin de cette Nuit Obscure où elle tient sur son cœur la substance même de sa béatitude : *Veni in hortum meum, Soror mea Sponsa.*

C'est ainsi que la Sagesse a été enfin reconnue par tous ses enfants.

# TROISIÈME PARTIE

# *Antigone*

25 — « Heureux qui ne sera pas scandalisé à mon sujet », avait dit le Christ aux émissaires de Jean. Tout en effet a commencé par le scandale. Un scandale patent, public, réitéré, croissant, aggravé d'insolence, un scandale intolérable, et auquel il fallait, d'une manière ou d'une autre, mettre un terme. On se condamne à ne rien comprendre à la Passion du Christ si l'on n'aperçoit pas que le procès de Jésus a commencé dès le début de sa vie publique et qu'il s'est instruit chaque jour. Pas à pas pendant trois ans, et d'un bout de la Palestine à l'autre, les Pharisiens ont suivi le Christ, l'ont observé, l'on interrogé, un œil sur lui, un œil sur la Loi, comme de rigoureux magistrats, et bien avant la Passion, l'ont condamné comme impur.

Ainsi le Christ manquait ouvertement et gravement à la sainteté du Sabbat, allant jusqu'à dire d'ailleurs que le Sabbat était fait pour l'homme et non pas l'homme pour le Sabbat. Ce jour-là était le jour consacré à Dieu et toute œuvre servile y était très strictement interdite. On eût dit que le Christ faisait exprès de guérir les malades et les infirmes ce jour-là. Il leur ordonnait même d'emporter chez eux leurs grabats, quand ils étaient guéris. Quand on lui reprochait ces manquements à la plus sainte Loi d'Israël, le Christ répondait qu'il était le maître, même du Sabbat. Une telle insolence mettait les Pharisiens hors d'eux.

Le Christ ne respectait pas davantage la loi des impuretés. Non seulement les contacts sexuels, mais aussi le contact d'un lépreux, d'un cadavre, d'un sépulcre, et bien d'autres, mettaient en état d'impureté légale. Le plus grave était que cette impureté légale était contagieuse. La Loi disait : « Tout ce qui touchera celui qui est impur sera souillé et la personne qui le touchera sera impure jusqu'au soir. »

Sur ce point, l'application de la Loi créait une obsession analogue à l'obsession très moderne des microbes. On n'osait plus rien *toucher*. A ce point de vue le Christ était proprement effrayant. Il *touchait* à tout et se laissait *toucher* par n'importe qui. C'était l'être le plus anticellophane qu'on puisse imaginer. Les Pharisiens en étaient outrés, scandalisés jusqu'à la moelle. Le Christ n'hésitait pas non seulement à toucher un sépulcre, mais un cadavre, à le prendre par la main. Les lépreux ne lui inspiraient aucune répulsion. Mais surtout il se laissait toucher par n'importe qui en état d'impureté légale. On l'avait bien vu quand il avait supporté l'onction et les baisers sur ses pieds d'une fille publique. Ce n'était d'ailleurs pas le seul cas. Les exemples fourmillaient. Il n'en entrait pas moins librement dans le Temple et il demandait avec insolence à ses contradicteurs quel d'entre eux pouvait le convaincre de péché.

Il est vrai que lorsque le Christ touchait un cadavre, le mort ressuscitait. Lorsqu'il touchait un lépreux, le lépreux guérissait, et qu'il prétendait avoir remis les péchés de Marie-Madeleine, qui lui avait baisé les pieds. Comme il se mettait au-dessus du Sabbat, il se mettait aussi au-dessus de la pureté légale. Il prétendait être lui-même la source d'une pureté plus haute et il le manifestait par des miracles. Comme si quelqu'un pouvait être au-dessus de la Loi qui venait de Dieu ? Ces miracles n'étaient qu'une insolence et une impiété de plus. Ils ne pouvaient être que l'œuvre de Belzébuth. Ces miracles qui séduisaient les foules imbéciles et crédules, ces miracles étaient exaspérants. Le Christ était un impur, il devait être retranché de la communauté d'Israël, excommunié. Le scandale avait assez duré. Il fallait défendre la Loi et le peuple de Dieu contre cet impur, protéger la communauté contre son contact et sa contagion.

* 26 — C'est pourquoi Jésus ne tarda pas à être excommunié par les autorités religieuses d'Israël et à être sous le coup de cette terrible sanction qu'on appelait le retranchement. Cette sanction comportait trois étapes. Le Christ brûla rapidement les deux premières, la séparation et l'anathème.

La séparation était un sévère avertissement. Le condamné devait être évité et on ne pouvait l'approcher qu'à la distance d'au moins quatre coudées. Mais l'anathème était une peine beaucoup plus grave et stricte. Le condamné était officiellement exécré, voué au Diable, exclu du Temple. Il lui était interdit de prêcher. C'était une sentence publique portée au cours d'une réunion et on lisait sur le condamné la terrible malédiction du *Deutéronome* : « Tu seras maudit dans la cité, maudit dans les champs. Tu seras maudit dans tes entrées, maudit dans tes sorties. Que le ciel qui est au-dessus de toi te soit d'airain, que la terre que tu foules te soit de fer. Que le Seigneur te livre prosterné devant tes ennemis. Que ton cadavre soit en pâture aux oiseaux du ciel et aux bêtes de la terre, et que personne ne les en chasse. Que le Seigneur te frappe de démence, d'aveuglement et de folie, qu'en plein midi tu ailles à tâtons comme vont les aveugles, et que tu perdes ton chemin. Qu'à chaque instant tu sois en butte à l'injure, que la violence t'opprime et que personne ne te délivre. Et que l'épouvante te coupe le souffle au spectacle de ce que tes yeux verront. »

Mais le Christ comble la mesure. Il ne tient aucun compte de nulle sentence, allant et venant, enseignant parmi le peuple, toujours suivi d'une foule immense qu'il enthousiasme par sa parole et ses miracles et qui lui fait un rempart vivant. Il ose même entrer et stationner dans le Temple, souillant de sa présence les saints parvis. C'est un impur, un retranché, mais en plus c'est un rebelle. Il continue, il persévère, il exagère, il redouble le scandale. Il donne au scandale des proportions énormes, il le gonfle à plaisir, comme on gonfle un ballon pour qu'enfin il éclate au nez de ceux qui le tiennent.

De telles situations ne se prolongent pas indéfiniment. Il finit toujours par y avoir un vainqueur et un vaincu. Le moment arriva où il était même interdit de se dire le disciple de Jésus, sous peine d'être exclu de la Synagogue. On tenta à plusieurs reprises de le lapider, mais chaque fois il échappait mystérieusement, à se demander s'il n'avait pas à sa disposition tous les sortilèges du Diable. Le séjour de Jérusalem n'était plus sûr pour lui et il se gardait d'y résider. Bref, c'était un homme à chaque instant épié, qui savait, et tous le savaient autour de lui, qu'au moindre faux pas il risquait la mort comme impur, impie, blasphémateur et rebelle.

Il avait pour lui l'enthousiasme du peuple, dont il connaissait la fragilité ; quelques disciples sincères, pas tous sûrs, et dont il savait la timidité ; des femmes d'un dévouement absolu, mais ce n'étaient que des femmes. Il avait contre lui toutes les puissances de son pays : le haut clergé, les politiciens, les riches, les Pharisiens. Entre eux et lui c'était devenu une lutte à mort. Si dans cette lutte sans merci le Christ gagnait, eux, perdaient tout, leur prestige, leur autorité, leurs fonctions. En défendant la Loi, ils se défendaient eux-mêmes, car ils étaient tout simplement menacés de n'être plus rien, alors qu'ils étaient tout. Seule la puissance de Rome restait pour lui à la fois lointaine et neutre, mais il n'y comptait pas. Il se savait et se voulait seul en face de ses ennemis. Quand on voit bien cela, alors on aperçoit la grandeur du courage de cet homme, la témérité de son insolence.

27 — « Heureux qui ne sera pas scandalisé à mon sujet. »

Marie-Madeleine est entrée par l'amour dans le scandale du Christ. Sa conversion est pour elle la promotion à l'ordre tragique. Tout au long de l'Evangile nous allons la suivre, s'enfonçant toujours plus à fond dans la tragédie entre le martyre de Jean-Baptiste et le martyre de Jésus. Elle sait que les Prophètes meurent et que leur mort est cruelle. Elle sait que Jésus va mourir. Elle est comme une femme qui porte un enfant dans son sein. Dans les entrailles de son amour palpite déjà le cruel pressentiment de la mort de son Bien-Aimé. Elle sait que ce fruit douloureux verra le jour et que celui qu'elle aime de tout son être ne sera bientôt plus qu'un cadavre. S'il est juste de dire de Marie-Madeleine qu'avant sa conversion elle fut Phryné, il est encore plus juste de dire d'elle qu'après sa conversion elle fut Antigone, une Antigone chrétienne plus vraie, plus touchante encore et plus tragique que la plus pathétique des héroïnes grecques. Marie-Madeleine aime le Christ de tout l'élan de sa grande âme, mais elle ne le voit plus que dans l'ombre de la croix. Toute sa vie est désormais orientée par l'obsession de la sépulture du Héros.

Aussi beau que soit le développement Marie-Madeleine-Antigone, il est encore plus vrai que beau. Et même pour rester humain le rôle de Marie-Madeleine est encore plus difficile à jouer que celui d'Antigone. A le forcer tant soit peu il deviendrait sadique. Car enfin le Christ était en ce moment bien vivant, éclatant de force, de vie et de génie. Le voir sans cesse, et dès ce moment-là à l'état de cadavre, pourrait relever des pires aberrations et d'un état d'âme peut-être assez voisin de celui de Salomé réclamant que la tête du Précurseur lui fût portée sur un plateau. Il y a bien dans la sensibilité des femmes de quoi fonder une telle obsession. Elles sont naturellement cruelles envers ce qu'elles aiment, mais ce n'est pas ce qu'elles ont de mieux et l'amour de Marie-Madeleine relève de l'Esprit-Saint, non du psychiatre.

La mort prochaine du Christ n'était pas pour Marie-Madeleine une éventualité, éventualité redoutable certes, mais dont on espère qu'elle ne se réalisera pas, comme la mort pour un soldat qui monte à l'assaut. On peut toujours penser qu'il s'en sortira et lui l'espère aussi. La mort prochaine du Christ était une implacable certitude, comme la mort pour un condamné dont l'exécution est fixée à l'avance et approche de jour en jour. C'est dans ce sens-là et pas autrement que le Christ en parlait sans cesse et de plus en plus clairement. Les Apôtres en étaient accablés de tristesse, ou le plus souvent ne comprenaient pas. Ils ignoraient cette parole, elle était devant eux mais voilée. Ils ne la sentaient pas et ils redoutaient de l'interroger à ce sujet. Mais Marie-Madeleine sentait cette parole et la sentait cruellement dans la chair de son amour. Le regard de son cœur traversait le voile. Elle avait compris non seulement que le Christ disait vrai, mais qu'il fallait qu'il en fût ainsi. Ce dénouement pouvait lui faire horreur, mais comment eût-elle pu en détourner sa pensée et son cœur ? Elle savait ce dénouement non seulement inexorable, mais nécessaire.

Par-dessus tout elle aimait. Il n'est pas dit qu'elle ne

s'est jamais révoltée contre cet affreux destin réservé à son Bien-Aimé. Il n'est pas dit qu'elle n'a pas tout fait pour en détourner le coup. Il n'est pas dit qu'elle n'a pas tout fait pour pousser le Christ à s'enfuir loin de ses ennemis, à échapper à leur haine, comme tout enfant on l'avait emporté en Egypte. Mais si, elle a tout fait pour que le Christ renonce à son destin de sang ; elle a échoué, voilà tout.

L'Evangile nous rapporte une scène aussi violente qu'étrange entre le Christ et Pierre, et qui nous prouve que quelque chose a été tenté en effet pour détourner le Christ de la Croix et de sa mort. « Il commença de leur enseigner qu'il fallait que le Fils de l'Homme endurât beaucoup de tourments, qu'il fût condamné par les Anciens du peuple, les Princes des prêtres et les Scribes, qu'il mourût enfin pour ressusciter le troisième jour. Et il leur parlait ouvertement. Pierre l'ayant pris à part commença de le quereller : “Loin de vous cela, Seigneur. Il n'en sera pas ainsi de vous.” Mais Jésus, s'étant retourné et voyant la foule de ses disciples, menaça Pierre et lui dit : “Retirez-vous de moi, Satan, vous m'êtes un scandale. Vous ne goûtez pas les choses de Dieu, mais les choses des hommes.” Alors il convoqua la foule avec ses disciples et il dit : “Si quelqu'un veut me suivre, eh bien, qu'il se renie lui-même, qu'il prenne sa croix et qu'il me suive.” »

Cette scène est d'une violence telle qu'elle ne laisse aucun doute sur la résolution du Christ de se séparer de quiconque le détournerait de son destin de sang. Il se fût séparé de Madeleine aussi bien, si elle avait tenté auprès de lui une démarche semblable à celle de Pierre, nul doute qu'il ne lui eût dit : « Retirez-vous de moi, Satan, vous m'êtes un scandale. » Quelle femme qui aime vraiment et d'une manière totale ne redouterait d'entendre des paroles aussi dures sortir pour elle de la bouche de son bien-aimé ?

Marie-Madeleine avait le choix, ou bien de perdre

l'amour du Christ qui lui était plus précieux que tout, de lui devenir un scandale qu'il eût écarté de sa route, comme il eût écarté Satan ; ou bien d'accepter pleinement dans son cœur et sa volonté que le Christ accomplît jusqu'au bout sa mission, et cette mission comportait essentiellement cette mort sur la croix, dont il parlait de plus en plus souvent.

28 — Il n'était certes pas facile d'aimer le Christ. Quand le Christ disait que quiconque voulait être son disciple devait prendre sa croix et le suivre, il ne le disait pas pour Marie-Madeleine. Les chrétiens médiocres, c'est-à-dire sans beaucoup d'amour, peuvent trouver très dur d'avoir à porter la croix. Ce n'est pas ce que Marie-Madeleine trouvait dur, elle serait morte volontiers à la place du Christ. Ce qu'elle trouvait abominablement dur, c'est qu'il lui était impossible de prendre cette place. Nul ne pouvait prendre la place du Christ sur la croix, nul, même pas elle. Que le Christ ait imposé à l'amour de Marie-Madeleine d'accepter cela au nom même de cet amour, c'est comme si l'on demandait à une mère de laisser tuer son enfant par amour pour lui. La croix de Marie-Madeleine était l'amour même qu'elle avait pour le Christ, écartelé entre l'horreur et l'obéissance. Cette femme a aimé au-delà de tout ce que nous pouvons imaginer. La malédiction du Deutéronome retombait aussi sur elle de tout son poids. L'épouvante lui coupait le souffle au spectacle de ce que ses yeux voyaient. L'Antigone chrétienne voit la Croix à travers son amour obéissant.

L'amour de Marie-Madeleine pour le Christ ne faisait pas la loi, il obéissait. C'était le contraire d'un amour romantique. Si cruel que ce fût à ce cœur, son amour obéissait à la même volonté que le Christ lui-même. Le Christ et Madeleine avançaient tous deux du même pas vers le Calvaire, tandis que les Apôtres ne savaient pas où ils allaient. Comme il a communiqué à Marie-Madeleine son amour, le Christ lui a communiqué son courage. Certes, le Christ avait peur, mais il dominait sa peur. De même il y avait en Marie-Madeleine plus grand amour, connaissant toute l'horreur du dénouement qui avançait à grands pas, au lieu de détourner le Christ de sa mission, de demeurer au contraire auprès de lui jusqu'au bout, comme lui par un amour plus fort que la peur, de lui donner jusqu'au bout l'appui de sa clairvoyante fidélité.

29 — A ce moment-là, et pour plus de tranquillité, le Christ avait quitté la Judée, passé le Jourdain et s'était établi à l'endroit où Jean-Baptiste avait baptisé, sur les bords du désert. Il y reçut un message de Marthe et Marie : « Seigneur, celui que vous aimez est malade. » Il est émouvant de voir qu'elles désignaient ainsi leur frère Lazare. Il est encore plus émouvant de voir qu'elles ne demandent pas au Christ de revenir, elles s'en remettent à son amitié, mais elles savent aussi qu'on ne demande pas à un homme de risquer sa vie par amitié. C'est à lui de savoir ce qu'il a à faire. Et le Christ risquait sûrement sa vie de reparaître en Judée.

Il est non moins frappant de voir qu'autour de Jésus, parmi les Apôtres, aucun à cette nouvelle de la maladie de Lazare ne parle de revenir à Béthanie. Là où ils sont, ils sont en sécurité : qu'ils y restent. Jésus d'abord paraît entrer dans ce jeu. Il ne bouge pas de l'endroit où il est, il y demeure encore deux jours. Après deux jours, il déclare : « Retournons en Judée. » Et les disciples de se récrier : « Maître, tantôt les Juifs voulaient vous lapider, et vous revenez là. » Le Christ répond d'une manière énigmatique : « N'y a-t-il pas douze heures dans le jour ? Si quelqu'un marche durant le jour, il ne tombe pas parce qu'il voit la lumière de ce monde. Mais s'il marche pendant la nuit, il tombe parce qu'il n'y a plus de lumière en lui. »

Ces paroles du Christ sont un retour sur son propre destin dont il sait qu'il est marqué d'avance. Il ne doit ni le devancer (c'est pourquoi il a tardé deux jours), ni le retarder (c'est pourquoi il doit maintenant partir). Pendant ces derniers jours qui précèdent sa Passion, le Christ nous donne l'impression d'un homme qui regarde toujours sa montre. Il calcule le temps de sa mort, comme on calcule le temps d'une éclipse : si l'un des trois astres est en retard ou en avance, il n'y aura pas d'éclipse. Ou comme le chasseur guette le sanglier au déboulé. Il a un rendez-vous et il risque de le manquer aussi bien s'il arrive trop tôt que trop tard. Il faut qu'il meure, mais il n'importe pas seulement qu'il meure. Il faut qu'il meure en réalisant les prophéties, c'est-à-dire pour la fête de la Pâque. Cette préoccupation de l'heure est la préoccupation dominante des condamnés à mort. Ils ne cessent de demander l'heure qu'il est.

Le Christ ajouta : « Lazare, notre ami, dort. Mais je vais pour le réveiller. » Alors les disciples : « Seigneur, s'il dort, il s'en tirera. » Jésus parle ouvertement : « Lazare est mort et je me réjouis — pour vous, pour que vous ayez la foi — de n'avoir pas été là. » Thomas, l'homme qui voit les choses telles qu'elles sont, à qui on n'en fait pas accroire, tire la conclusion pratique de cette décision du Christ : « Eh bien ! nous autres aussi, allons et mourons avec lui. »

Cette réflexion du plus lucide des Apôtres nous met bien dans l'ambiance de cette montée vers Jérusalem. Chaque pas que fait Jésus le rapproche de sa mort. Il sait qu'il ne reviendra plus en arrière. Il sait qu'il ne reverra plus ces lieux qu'il quitte, où Jean-Baptiste a prêché, où il a commencé sa vie publique, ce désert où il a été tenté par le démon, la rivière où il a été baptisé et où le ciel s'est ouvert au-dessus de lui. Chaque fois qu'il passe une fontaine ou l'ombre d'un palmier, c'est un adieu définitif qu'il donne à la douceur de vivre. La grande lumière de la mort révèle la tendresse d'un paysage et, dans cette lumière, un sourire d'enfant émeut jusqu'aux larmes.

Tant que nous ne savons pas que nous allons mourir, toutes nos démarches ne sont qu'allées et venues, puis un jour vient où la mort même efface le monde derrière nous. Jésus était à ce point. A la force de l'âge, il allait quitter ce monde, et c'est pourquoi jamais ce monde ne lui avait paru plus beau. C'était le moment où les pluies de printemps font éclore sur les chemins, et à travers tout le désert, de minuscules fleurs aux couleurs vives qui font un tapis d'Orient ; et le soir, quand le soleil vient de se coucher, les parfums arrivent par vagues d'une violence à étourdir.

Cependant, Jésus allait vers Lazare son ami, qui était mort et dont le corps commençait à pourrir dans le tombeau. Toute la conduite du Christ à ce moment-là est paradoxale, incompréhensible, à contre-courant du bon sens. On eût compris que, pour aller au chevet d'un ami mourant, le Christ se fût précipité à Béthanie, au risque même de tomber aux mains de ses ennemis. Non, à ce moment-là le Christ perdait son temps et attendait. Mais ce qu'on ne comprend plus du tout, c'est qu'à partir du moment où Lazare est mort, le Christ se met en route, sachant très bien qu'il ne trouvera qu'un tombeau fermé depuis quatre jours. C'est alors que Judas dut le trouver tout à fait fou. On ne risque pas sa vie et celle de ses compagnons pour aller se recueillir sur une tombe.

Mais le Christ jugeait de ce qu'il devait faire, non sur le sens commun, mais sur l'accomplissement de sa mission. D'autres héros affrontent l'événement à venir, le font plier à leur gré, en déterminent l'issue dans le sens de leurs désirs. Mais quand l'événement est arrivé, nul n'y peut plus rien. Le Christ va plus loin. S'il risque sa vie, ce n'est plus pour empêcher la mort de Lazare, ce n'est même pas pour rendre à son cadavre les derniers devoirs de la piété, c'est pour remettre en question l'événement accompli, pour rouvrir le débat de la vie et de la mort, étendre jusque sur la mort le domaine de l'espérance, qui jusqu'à ce moment s'était bornée en deçà, contester hautement la mort comme fait accompli.

Pour le Christ, il n'y a pas, il n'y a jamais de fait accompli. Il domine sans cesse l'événement, même l'événement accompli. Il le discute, le met en question, et même l'abolit.

Judas dit : « Cet homme est fou de risquer sa vie pour un mort. Ce qui est fini est fini. » Et il se sent dégagé de toute fidélité envers un homme qui ne veut pas rester dans les limites du possible sur cette terre.

Thomas ne comprend pas davantage. Mais fou ou pas fou, le Christ est un homme qui mérite bien qu'on le suive. Il se fera tuer avec lui.

Le Christ hâtait le pas vers Jérusalem. Il allait montrer aux hommes ce que peut la puissance de l'amour sur la mort. C'est à cela qu'il pensait en chemin. Il allait montrer que l'amour n'a plus de frontières, qu'il renverse toutes les fatalités, que la mort comme le péché sont des pays conquis par l'amour. Aussi loin qu'on y soit entraîné, on en peut revenir, on en revient. Il allait montrer qu'il est le Roi des Enfers aussi.

* 30 — Et cependant comme chaque fois, tout commence le plus naturellement du monde. Jésus arrive à Béthanie, près de Jérusalem. Dans ces villages d'Orient, où les abords sont toujours pleins d'enfants qui jouent et d'hommes qui bavardent, on voit venir les gens et on les reconnaît de loin. Quelqu'un courut à la maison de Marthe pour lui dire que Jésus était là et ceux qui allèrent à la rencontre du Christ l'avertirent que Lazare était mort et enterré depuis quatre jours. Marthe arriva avant même qu'il entrât au village. Il valait mieux que le Christ sût que la maison était pleine de gens de Jérusalem dont quelques-uns étaient ses ennemis.

En abordant le Christ, Marthe dit ces mots qui peuvent être un reproche : « Seigneur, si vous aviez été là, mon frère ne serait pas mort. » Le Christ répond : « Votre frère ressuscitera. » « Ah ! je sais bien qu'il ressuscitera à la résurrection générale, au dernier jour. » Et Jésus répond : « Eh bien ! croyez-moi, Marthe, la vie ni la mort, du moins ce que nous appelons de ce nom, ne compte plus pour personne. Il n'y a plus d'un côté les morts, et d'un autre côté les vivants. Il y a ceux qui croient en moi, et ceux qui n'y croient pas. Ceux qui croient en moi, morts ou vivants, ceux-là vivent, car je suis, moi, la Résurrection et la Vie : ceux-là ne vivent plus dans le temps et ils jouissent déjà de la vie éternelle. Les morts, les vrais morts, à jamais perdus pour la vie, inaccessibles à toute résurrection, sont ceux qui ne croient pas en moi. »

Et comme une inquiétude de l'amitié, comme on n'est jamais las d'entendre dire qu'on est aimé : « Est-ce que vous croyez cela ? vous ? — Oui, Seigneur, dit-elle, je crois que vous êtes le Christ, Fils du Dieu vivant, qui êtes venu en ce monde. »

Le Christ affirme sa conquête avant de la manifester. Avant de pardonner à Marie-Madeleine ses péchés, il a revendiqué toute sagesse et toute pureté, les unissant l'une et l'autre, ces sœurs ennemies, dans son amour. Avant de ressusciter son frère Lazare, le Christ revendique le souverain domaine sur la vie et sur la mort, et il réconcilie à jamais ces deux ennemies dans la foi. Marthe entre seule dans la maison et, s'approchant de Marie, lui dit tout bas, pour n'être entendue que d'elle : « Le Maître est là et il vous appelle. »

Aussitôt Marie se lève et court. Quand elle aborde le Christ et devant tout le monde, elle se précipite à ses pieds, selon le geste qui lui est devenu familier. Son deuil éclate dans le même reproche que celui de Marthe : « Seigneur, si vous aviez été là, mon frère ne serait pas mort. »

Voici le quatrième jour que Lazare est dans le tombeau et que ses deux sœurs ne cessent de pleurer. Combien de fois, au long des trois longues nuits de deuil, cette phrase est-elle revenue dans leurs lamentations, pour que ce soit elle qui s'exhale d'abord ! Leurs pensées étaient allées sans cesse de Lazare mort à Jésus, son ami, et qui n'était pas là. Ah ! pourquoi n'avait-il pas été là pour sauver de la mort son ami ? Lui qui a guéri et sauvé de la mort tant de gens qui ne lui étaient rien, pourquoi n'avait-il pas été là pour sauver de la mort son ami ? Et comme la première fois, dans la maison de Simon le Pharisien, Marie-Madeleine éclate en sanglots.

Comme à son égard l'attitude du Christ est différente de celle qu'il a eue avec Marthe ! Cette fois, il n'explique rien, il ne promet rien. A Marie, il ne parlera jamais que le langage de l'amour et, la voyant pleurer, il éprouve la plus violente compassion. L'Evangile dit : « Jésus, la voyant pleurer, frémit dans son esprit et se troubla lui-même. Il dit : "Où l'avez-vous mis ?" On lui répondit : "Venez et voyez." Et Jésus pleura. »

Bénis soient ce frémissement et ces larmes. L'Evangile ne nous rapporte qu'une seule autre circonstance où le Christ ait pleuré, et c'est quelques jours plus tard sur Jérusalem. Mais en pleurant sur la ruine prochaine de la Cité des Rois, le Christ ne cesse pas d'être un héros. C'est le chef de guerre qui vient de perdre la bataille qui lui tenait le plus à cœur. Tandis qu'ici il n'a jamais été plus près de nous. Il est touché au cœur dans ses affections personnelles, et les larmes de Marie-Madeleine en font un homme comme nous. Toujours royal, bien sûr, car on ne lui vole pas sa compassion : on ne vole rien au Christ. Il donne tout.

C'est la Vierge Marie qui a été le ministre de l'Incarnation de Dieu et qui, en lui donnant un corps, a révélé Dieu aux hommes. Mais c'est Marie-Madeleine qui, plus que toute autre, a révélé la tendresse de cette humanité. Quelle merveille ! Le Christ est aussi loin stoïcisme qu'il est loin de tout puritanisme. Celui hors de qui il n'est pas de sainteté a daigné sanctifier nos larmes comme il a béni le vin de nos celliers. Il faut aimer la vie avec ses humbles joies pour ressentir la peine de la mort d'un ami.

Les chefs des Juifs ne s'y trompent pas. Ils sont là à observer la moindre de ses actions. Ceux qui étaient dans la maison sont sortis avec Marie, croyant qu'elle allait au tombeau. Et voilà que c'est Jésus qui est là, leur solide ennemi qui leur coupe le souffle rien qu'à le voir. Il sait bien ce merveilleux pouvoir qu'il a sur eux de leur couper le souffle. Il en jouit à plein chaque fois. Il en bénéficie aussi, car c'est en les étonnant qu'il leur échappe. A chaque fois ils sont tellement surpris qu'ils n'osent pas l'arrêter. Ce n'est qu'après coup qu'ils se rendent compte combien leur posture a été ridicule. Ils se promettent bien qu'on ne les y reprendra pas et qu'ils feront mieux la prochaine fois. La fois d'après ils sont encore débordés par l'événement de sa présence.

Une des grandes forces du Christ est qu'il n'a jamais permis à ses ennemis de définir sa propre vie. En ce moment même, ce qui compte pour lui ce ne sont pas ses ennemis, ni la haine vigilante de leurs regards qui brillent autour de lui comme des épées. Ce qui compte uniquement pour lui, c'est cette femme à ses pieds et qui pleure, et, dans l'émoi de sa propre compassion, il pleure aussi. A ce moment, Judas dut le trouver lâche et les chefs des Juifs durent le trouver faible. « Voyez comme il aimait Lazare », dit quelqu'un. Mais d'autres : « Est-ce qu'il ne pouvait pas, lui qui a ouvert les yeux d'un aveugle-né, empêcher son ami de mourir ? »

Reconnaissant son amour, ils jetaient le doute sur sa puissance. Jésus allait leur montrer que rien au monde n'est plus puissant que la puissance de son amour. Nous autres, simples hommes, nous ne retenons nos larmes et nous ne nous durcissons contre nous-mêmes que parce que nous sommes faibles. Plus encore que de nos larmes, c'est de notre impuissance que nous avons honte. Un homme qui pleure est comme un soldat qui dépose les armes.

Le Christ peut pleurer sans honte. Il ne pleure pas comme un vaincu. Il pleure par compassion. Mais sa miséricorde est toute-puissante. Le Christ hait la mort de Lazare, qui réduit le corps de son jeune ami en pourriture. Le Christ hait le deuil qui voile de larmes le regard de Marie-Madeleine. C'est pourquoi lui-même, il pleure. Mais sa haine est efficace : il va faire reculer la mort, il va effacer le deuil dans la joie.

31 — Jésus frémit de nouveau et s'approcha du sépulcre. C'était une grotte fermée par une meule. « Enlevez la pierre », dit Jésus. Et Marthe : « Seigneur, voici le quatrième jour qu'il est mort et il sent mauvais. » Et Jésus : « Ne vous ai-je pas dit que si vous croyiez, vous verriez la gloire de Dieu ? » On enleva la pierre. Jésus leva les yeux et dit : « Père, merci de m'avoir entendu. Je sais bien que vous m'écoutez toujours et ce que j'en dis est pour ceux qui m'entourent et qu'ils croient que vous m'avez envoyé. »

Alors, d'une voix puissante, il s'écria : « Lazare, sors ! »

Tout à coup apparut celui qui était mort. Il était là, posé debout comme une colonne blanche sur la nuit du tombeau. Ses pieds et ses mains étaient liés de bandelettes et son visage était couvert par le suaire. L'apparition soudaine de cette momie debout glaça d'épouvante. Que voulait ce spectre et pourquoi revenait-il à la lumière ? Nul n'osait approcher. Il était impossible de croire à la réalité vivante de ce revenant. « Allons, allons, dit Jésus avec impatience, déliez-le et laissez-le donc aller. » Cette voix qui commandait à la mort et à la vie donna la force d'obéir. Marthe et Marie, qui avaient lié les bandelettes, les délièrent, découvrant la nudité vivante du ressuscité.

32 — S'il y a deux actions qui définissent parfaitement le Héros de l'Evangile, c'est bien le pardon de Marie-Madeleine et la résurrection de son frère Lazare. Ces deux actions ont un sens complémentaire et, à chaque fois, Marie-Madeleine joue le rôle du partenaire principal. Maintenant, le Héros est parfaitement défini dans toute sa stature. Il s'est révélé entièrement par rapport aux comparses, par rapport à ses amis et à ses ennemis. On sait qui est le Christ, ce qu'il aime, ce qu'il hait : qu'il hait la mort et le mal, qu'il aime la Sagesse et la vie, et la pureté comme une condition de l'une et de l'autre. Et il hait par-dessus tout une pureté qui empêche toute Sagesse et condamne toute vie. On sait ce qu'il veut. On sait que rien ne l'arrêtera et que rien ne lui arrivera qu'il ne l'ait voulu. On sait qu'il domine la mort, non seulement au point de l'arrêter, mais encore au point de lui faire rebrousser chemin et de lui prendre entre les dents sa proie pourrissante. On sait qu'il pardonne aussi les péchés. Dès ce moment il a reculé les bornes de la tragédie. Il met en doute et en question le dénouement, n'importe quel dénouement. A vrai dire, pour lui il ne saurait y avoir de dénouement. Il domine le Destin lui-même et il le dévide à l'envers quand il lui plaît. Avec lui rien n'est acquis, rien n'est perdu. Tout ce qu'il fait est neuf comme un regard d'enfant. Nul héros n'a jamais poussé aussi loin l'aventure, précisément parce qu'il est l'absolu souverain de la nature. Il n'y a pas de lois au-dessus de lui. Les lois lui obéissent.

C'était bien de cette généreuse et toute-puissante liberté que Marie-Madeleine avait toujours rêvé. Mais la réalité était plus précieuse et plus belle que le rêve.

33 — La résurrection de Lazare avait jeté la consternation et le désarroi dans le camp ennemi. Cette éclatante manifestation de toute-puissance n'avait pas aboli la haine, mais l'avait désarmée. Pourrait-on jamais avoir raison d'un tel homme ? Les Pharisiens et les Princes des prêtres tinrent un conciliabule pour mettre au moins en commun leurs funestes pressentiments et faire un bilan de la situation. Elle était désastreuse.

Tout le monde connaissait l'amitié du Christ pour Lazare et ses deux sœurs. Tout le monde avait su qu'à la suite d'une maladie brutale, Lazare était mort. Comme cette famille était très influente, tout le monde était allé à l'enterrement du jeune homme. Tout le monde savait donc que Lazare avait été enseveli solennellement. Tout le monde connaissait son tombeau. Les jours suivants, toute la ville avait rendu visite aux deux sœurs, était allée avec elles pleurer contre le tombeau. Puis Jésus était arrivé en plein jour sans s'annoncer. La maison était pleine de monde et tout ce monde était sorti à sa rencontre. On ne pouvait pas dire qu'il y avait eu supercherie. Tout ce monde avait vu ouvrir le tombeau, avait senti l'odeur de pourriture qui s'en exhalait. Et tout à coup chacun avait vu, vu de ses yeux vu, sans aucun doute possible, chacun avait vu l'homme mort depuis quatre jours réapparaître à l'appel du Christ et reprendre sa place parmi les vivants. Il était là dans sa maison, à deux pas de Jérusalem, mangeant et buvant, régalant les amis et la foule qui venaient le féliciter, le regarder, le toucher, s'extasier sur le miracle. Tout Jérusalem, Princes et peuple, allait à cette fête que Lazare tenait chez lui, ouverte à tout-venant depuis sa résurrection. Et chaque soir, de la route on voyait les lumières et l'on entendait les musiques. Quel scandale !

Bref, cette malencontreuse résurrection bouleversait tout. Le peuple ne parlait plus que de cela. On n'était plus sûr de personne. Malgré les excommunications fulminées contre le Christ et ceux qui le suivraient, quelques Docteurs de la Loi s'étaient même laissé gagner. Ils n'osaient pas se déclarer ouvertement, mais on ne pouvait absolument plus compter sur eux. Ils trahissaient en secret la cause d'Israël, quelle honte ! Il fallait se méfier de Joseph d'Arimathie, de Nicodème et de plusieurs autres.

Quant au Christ, si seulement on pouvait le tenir ! Mais il se méfiait et échappait des mains comme une anguille, aujourd'hui ici, demain là. Si seulement il consentait à se cacher tout à fait, à disparaître une fois pour toutes. Tout ne tarderait pas à rentrer dans l'ordre, il finirait par être oublié. Mais il joignait à toutes les prudences, toutes les audaces. On espérait qu'il ne viendrait pas à Jérusalem pour la fête de la Pâque. Mais il était déjà venu à Béthanie, aux portes mêmes de Jérusalem. Demain il entrerait dans la ville. Tout le monde l'y attendait. Il y pouvait d'un jour à l'autre, d'une heure à l'autre, déclencher une émeute, renverser le gouvernement d'Israël, mettre ses ennemis en prison, les pendre même haut et court, proclamer l'indépendance d'Israël, prêcher la guerre sainte, lancer la nation tout entière dans la plus folle aventure. Ne se faisait-il pas appeler « Fils de David » et ne revendiquait-il pas non seulement l'héritage des Rois d'Israël mais le titre de Messie ? Il osait même se mettre au-dessus de Moïse et d'Abraham et se faire l'égal de Dieu. Tout était perdu si l'on ne mettait pas le holà à ces folles entreprises. Les Romains ne plaisantaient pas et ne supportaient pas la pagaïe. Ils viendraient avec une armée et détruiraient cette nation. Tout le patient travail pour maintenir un juste et difficile équilibre entre les aspirations nationales et les exigences étrangères serait anéanti par un fou sans responsabilité, qui soulevait et agitait le peuple sans savoir peut-être lui-même où il le menait.

Toutes ces réflexions malheureusement fondées composaient un tableau bien décourageant. Mais en des circonstances aussi dramatiques, il n'est pas rare de voir se lever un homme, un homme prédestiné, et qui fait face à la situation. Israël eut la chance d'avoir cet homme. Par bonheur il se trouvait même qu'il était Grand Prêtre cette année-là, c'est-à-dire qu'il détenait la plus haute magistrature de l'Etat. Il était donc normal qu'il ait plutôt qu'un autre le souci du bien commun et qu'il ait, avec les lumières nécessaires à ses hautes fonctions, le courage des décisions promptes et efficaces. Un tel homme en ce moment, en cette place, prouvait seulement que Dieu n'avait pas abandonné son peuple. Cet homme s'appelait Caïphe.

34 — Ayant laissé parler tout son monde, le Grand Prêtre se leva avec cette lenteur et cette précaution qu'ont souvent les hauts dignitaires ecclésiastiques. Son regard, d'une inflexible douceur, parcourut l'assemblée. Il attendit que le silence se fît et même un peu plus longtemps, pour bien séparer son intervention de tout le débat, lui donner toute l'autorité qui convenait. « Vous n'y connaissez rien, dit-il d'une voix lente et ferme. J'ai une pensée que j'aimerais vous faire partager. Je trouve juste et salutaire, quand un individu met en péril la nation, de sacrifier cet individu au bien commun. Dans la circonstance, la solution qui s'impose

est qu'un homme seul périsse, plutôt que de laisser périr la nation tout entière. »

Ces paroles si simples et qui ne faisaient d'ailleurs qu'exprimer les souhaits de chacun depuis bien longtemps, eurent cependant l'effet magique d'un oracle. Dieu avait parlé par la bouche de son Grand Prêtre. Il n'y avait plus qu'à passer à l'exécution : on allait tuer le Christ. Quant à Lazare, témoin gênant de sa puissance, on le tuerait aussi à l'occasion. Voilà qui était décidé : on tuerait le Christ.

On publia donc un mandat d'arrêt, en vertu duquel quiconque savait où était le Christ était tenu de le dénoncer afin qu'il soit arrêté sur-le-champ. Ce mandat d'arrêt fut affiché partout, comme l'est encore aujourd'hui le signalement d'un malfaiteur particulièrement dangereux. Le Christ était mis solennellement hors la Loi et tout citoyen devait prendre contre lui le parti de la Loi. Telle était la riposte à l'insolent miracle de Béthanie.

Ce conflit ouvert et désormais sans merci entre le prodigieux thaumaturge et toutes les autorités civiles et religieuses de sa nation faisait jaser toutes les langues. Les foules aiment l'inquiétude et ce moment merveilleux où chacun se demande ce qui va se passer. En ces jours de clair printemps, les routes de Judée se couvraient de pèlerins en marche vers Jérusalem pour y faire leurs dévotions au moment de la fête de la Pâque. La ville regorgeait de monde. La foule stationnait toute la journée dans les parvis du Temple et une question volait de bouche en bouche : « Qu'en pensez-vous ? Pour le jour de la fête ? Viendra-t-il ou ne viendra-t-il pas ? » S'il venait, on aurait un beau spectacle, et la foule était déjà prête à jouer, dans ce spectacle, le rôle que les principaux antagonistes voudraient bien lui laisser.

Le jeu était bien fait. S'il ne venait pas, il avouerait qu'il avait peur et un homme qui avoue sa peur avoue aussi qu'il a tort. En plus, il manquerait au devoir de tout bon Juif de célébrer à Jérusalem la Pâque. Oserait-il venir ?

Nul ne pouvait plus arrêter le cours des événements, nul si ce n'était le Christ, mais il est bien évident qu'il ne le désirait pas. Il était seulement attentif à demeurer au-dessus des événements, tout en étant leur enjeu. Les défis étaient jetés et nul ne pouvait empêcher qu'ils ne soient suivis d'un duel à mort. La période de délibération et de conseil est close des deux parts. Les décisions sont prises. C'est l'exécution qui commence.

En cette courte suite de jours qui le séparent de sa mort, on est frappé des qualités manœuvrières du Christ. Il agit et parle comme on guerroie. Toute sa conduite est un merveilleux mélange d'audace et de prudence, un peu de prudence pour beaucoup d'audace, comme une campagne de grand capitaine. Il harcèle l'ennemi et ne le laisse pas souffler, choisissant toujours lui-même l'heure et le terrain. Il porte un grand coup qui provoque l'enthousiasme de ses amis et de la foule, qui exaspère ses ennemis. Puis il se dégage aussitôt et se retire. C'est ainsi qu'après la résurrection de Lazare, il ne reste pas à Béthanie, mais il va à Ephrem, à une demi-journée de marche au nord-est de Jérusalem, sur le bord du désert, où une petite troupe peut se perdre et disparaître en quelques minutes.

35 — Aussi courageux que l'on soit, on ne fait jamais bon marché de la vie, ou alors c'est qu'on ne voit pas le danger. Mais l'être le plus courageux tremble beaucoup plus pour une vie aimée que pour la sienne propre. Apprenant que le Christ était condamné à mort, Marie-Madeleine commença de trembler. Son frère aussi était en danger, mais il pouvait se cacher, prendre des précautions. C'était surtout le Christ qui courait les plus graves périls. Et lui ne se cacherait pas toujours.

Marthe, qui n'avait pas d'imagination, se rassurait plus facilement. Après tout, le Christ avait assez montré sa puissance, même sur la mort, pour qu'il soit maintenant futile de redouter la mort pour lui et même pour Lazare. C'était sans doute un manque de foi que de la redouter. Quant à Lazare, il lui suffisait de se sentir vivant pour être rassuré.

Marie-Madeleine, cependant, n'en persistait pas moins à redouter le pire. Son amour l'avertissait que tout cela finirait mal. Son amour et son expérience. Car enfin elle connaissait bien les Pharisiens, elle avait jadis soupesé leur haine dans ses mains gracieuses, elle avait soutenu mille fois en face le regard de ces vipères. Toute son adolescence scandaleuse s'était passée à braver et à exaspérer leur indignation. Mais elle n'était pas folle. Elle savait que c'étaient des vipères, tous ces Pharisiens drapés dans leur justice, et qu'ils ne lâcheraient leur venin que dans la chair de leur ennemi. Quand le venin monte jusqu'au cœur, le cœur s'arrête de battre. Elle ne pouvait s'empêcher de croire que le Christ allait mourir. On pouvait bien lui reprocher ce pressentiment comme un manque de confiance, mais elle ne pouvait s'empêcher de l'éprouver. Ce n'était pas manque de confiance, c'était en elle une manifestation de l'instinct de Prophétie. Elle ne doutait pas de la puissance divine du Christ. Elle était seulement entrée assez profondément dans son amour, pour en deviner les exigences tragiques. Elle savait que l'amour en lui commandait à la puissance et que le temps approchait où l'amour empêcherait la puissance de s'exercer.

36 — Les nouvelles arrivaient de Jérusalem. L'émotion soulevée par la résurrection de Lazare ne s'apaisait pas. Toute la ville bouillonnait d'enthousiasme et de fièvre. Si Marie-Madeleine était dans la crainte, les Pharisiens l'étaient bien davantage. Ils avaient excommunié le Christ, l'avaient mis hors la Loi, avaient lancé contre lui un mandat d'arrêt, mais ils savaient qu'ils ne seraient pas obéis, que le peuple risquait de se soulever si l'on touchait à son Prophète, que tant que le Christ serait au milieu de la foule, elle lui ferait un rempart inexpugnable. Le seul moyen de le saisir était de mettre la main sur lui quand il serait seul et dans un endroit écarté. Il y fallait une trahison. Certes, on y mettrait le prix, mais le traître ne se présentait pas. La partie serait dure. Elle restait incertaine. Mais on n'avait plus le choix. Laisser aller les choses, c'était avoir la révolution à coup sûr. Les arrêter là, c'était aussi risquer la révolution, mais c'était moins sûr.

Le Christ était dans cette situation où l'on ne savait pas s'il passerait la nuit suivante sur le trône d'Israël ou pendu à un gibet. Le Trône ou le Gibet, ces deux images hantaient les rêves de la foule. Cet instant est délicieux et terrible. L'instant où César va passer le Rubicon, où les grenadiers de Bonaparte envahissent l'enceinte de l'Assemblée, où Mussolini marche sur Rome. C'est l'instant où l'homme, né pour commander, donne toute sa mesure. S'il hésite, il est perdu. S'il fait promptement, il a gagné.

C'est en de telles circonstances que Jésus, quittant Ephrem, prit la grande route vers Jérusalem. On allait savoir qui il était.

37 — Toujours, et maintenant plus que jamais, le Christ se refuse à entrer dans un rôle qu'il n'a pas choisi. A certains cette retenue a pu paraître lâcheté ou frivolité. Elle n'était que le refus obstiné du Christ de jouer un personnage qui n'était pas le sien. D'autres fois il a l'air d'entrer dans le rôle qui s'offre à lui, il semble faire les premiers pas, et d'une allure décidée. Soudain il s'arrête. Quand on le voit s'avancer ainsi, il semble un aventurier téméraire et qui va tout casser. Puis quand on le voit se dérober, on est tenté de le trouver inconséquent et faible, peut-être un velléitaire. César ni Bonaparte n'ont agi ainsi. Quand le vin du triomphe est tiré, il faut le boire. Celui-ci tire le vin, emplit la coupe à pleins bords et se détourne de la coupe pleine. Il montre toutes les audaces d'un grand capitaine et il manque à la dernière : il n'embrasse pas la victoire.

C'est ce qui finalement dut lui aliéner Judas.

Le Christ savait parfaitement qu'entre lui et ses ennemis l'enjeu était sa propre vie. A chaque fois il la risquait, mais il s'arrangeait de telle sorte que finalement ses ennemis, eux, ne risquaient rien. C'était comme à la roulette russe, où il n'y a d'enjeu que d'un côté. A ce jeu-là celui qui mise finit toujours par perdre. C'est ce que Judas ne pouvait comprendre. Il eût aimé que le Christ brisât ses ennemis, au risque d'être brisé lui-même, mais que l'enjeu fût partagé. Comme Judas eût aimé pendre les Pharisiens haut et court et, dans le Royaume temporel du Christ, être son ministre de la Justice ! Oui, la justice, car la justice administrée d'une certaine manière a toujours rapporté beaucoup plus que les finances. Et sans laisser de traces.

Le Christ et Judas ne pouvaient plus s'entendre. Pour Judas il s'agit de gagner le jeu, quitte à liquider l'adversaire. Pour le Christ il s'agit toujours de gagner l'adversaire, au risque de perdre l'enjeu. Devant cette désinvolture, Judas devait finir par passer du côté de l'adversaire irréductible et gagnant.

Il y a toujours eu une équivoque entre le Christ et ses Apôtres sur le sens de sa mission. Les uns et l'autre ne la comprenaient pas de la même manière. Dès le début et tout le long de sa vie publique, le Christ a revendiqué le titre de Messie, de Fils de David, d'Envoyé du Seigneur pour rétablir le Royaume d'Israël. Pour les Juifs contemporains du Christ, tous ces titres éveillaient nécessairement une espérance temporelle. Le Royaume d'Israël était un royaume de la terre qu'il fallait restaurer dans sa toute-puissance. A lui avait été promise la domination d'un bout du monde à l'autre bout. Pour les Juifs, attentifs aux prodigieuses promesses faites par Dieu à leur peuple, nul doute que le Messie reprendrait à Rome l'Empire du monde pour le leur donner. Se proclamer le Messie et prouver qu'on l'était, ce devait être d'abord endosser la responsabilité de cette conquête et la mener à bien. Nous ne comprenons plus très bien tout ce qu'il y avait d'ambition humaine et de pesanteur charnelle dans l'espérance que le Christ a suscitée autour de lui durant sa vie mortelle. Le plus étrange, c'est qu'il n'a pas fait grand-chose pour dissiper cette équivoque, renforcée au contraire par chacun de ses miracles. Et quand les Apôtres lui posent une fois nettement la question de la récompense qui les attend pour l'avoir suivi, il répond ces paroles, bien propres à confirmer leurs ambitions : « Vous qui m'avez suivi, vous siégerez sur douze trônes, commandant aux douze tribus d'Israël. » Tous ces braves gens l'ont cru.

Judas, comme les autres, avait pris cette promesse au pied de la lettre, mais il était sans doute plus intelligent et plus réaliste que les autres. Il connaissait les chemins du pouvoir. Si l'on était vraiment le Messie, le Fils et l'héritier de David, si l'on voulait restaurer le Royaume d'Israël comme on le disait et le laissait dire, cela voulait dire aussi qu'il fallait s'emparer du pouvoir. Et si l'on voulait s'emparer du pouvoir, il fallait décidément en prendre le chemin sans ralentir jamais le pas. Tout détour, ou même tout arrêt exaspérait Judas.

Béthanie fut un de ces arrêts.

* 38 — Quand le Christ avec ses Apôtres a quitté Ephrem, prenant la route de Jérusalem, Judas s'est dit comme un bon soldat que la bataille était inévitable du moment qu'on y allait et que le soleil ne se coucherait pas sans que l'on soit ou vainqueur ou vaincu. On se représente le mépris qui lui gonfla le cœur quand, en vue de Jérusalem, Jésus s'écarta de la grand-route et prit le petit chemin qui menait à la maison de Lazare et de ses deux sœurs. Le Christ fuyait-il la bataille ? Alors pourquoi venir si près de Jérusalem et se mettre ainsi à portée de la gueule du loup ? Pour un homme digne de ce nom, en certaines circonstances il n'y a pas de milieu : ou bien il faut livrer bataille, ou bien rester tranquille dans un coin et se faire oublier. Eh bien ! non, quand le soleil se coucherait, on ne serait ni vainqueur ni vaincu, on serait à Béthanie à festoyer. « Voyons, se disait Judas, le Christ est-il fou, lâche ou bien un général qui, trahissant la bataille, trahit ses troupes ? »

C'est sur ces amères réflexions que Judas, avec tout

le monde, se mit à table. Béthanie avait fait au Christ une ovation et un des notables, Simon, surnommé le Lépreux, l'avait invité à un grand repas. Il faut voir ce que sont en Orient ces immenses agapes où tous les amis, aussi nombreux qu'ils soient, peuvent prendre place, où tous les curieux peuvent venir voir et regarder, écouter les danseuses qui se balancent par bandes en chantant leurs monotones mélopées. Quand la circonstance est importante, que la personne à honorer en vaut la peine, que les convives sont nombreux, on fait une hécatombe de moutons, de poulets et de dindons. Tel fut le repas chez Simon le Lépreux pour fêter l'étonnant thaumaturge qui, demain peut-être, serait roi d'Israël. La révolution s'égarait dans une kermesse. Judas regardait l'assemblée joyeuse des convives. Quels d'entre eux étaient des espions du Sanhédrin ? Peut-être que tout à l'heure on allait voir entrer les hommes d'armes. Judas surveillait anxieusement les portes.

* 39 — C'est Marie-Madeleine qui entra.

Elle était dans ses meilleurs jours, d'une beauté éclatante et somptueusement parée. Comme la première fois, chez Simon le Pharisien en Galilée, elle tenait dans ses mains un précieux vase de parfum. Et la majesté de l'amour rayonnait sur son visage. Elle traversa toute la salle, s'approcha de Jésus, brisa le vase d'albâtre, répandit le parfum sur la tête du Seigneur et ensuite sur ses pieds, qu'elle essuya encore avec ses cheveux. La maison tout entière fut remplie de l'odeur subtile et violente.

Judas frémit de colère. Depuis longtemps il détestait Marie-Madeleine. Il méprisait le Christ de se laisser attendrir par une femme. Il savait très bien que l'amour du Christ et de Marie-Madeleine était pur. Il n'en méprisait que plus le Christ, et c'était peut-être en cela qu'il l'avait définitivement jugé un utopiste. Qu'est-ce qui retenait toujours, en tout, le Christ, de faire le pas décisif ? Judas se souvenait du jour où, dans le désert, Jésus avait multiplié cinq pains et deux poissons, assez pour nourrir à satiété plus de cinq mille personnes. La foule l'avait recherché pour le faire Roi et il s'était enfui. Il venait de ressusciter Lazare, qui était d'ailleurs parmi les convives, c'était un fameux miracle, qui avait grossi démesurément le nombre des partisans du Christ.

On l'attendait à Jérusalem, encore pour le faire Roi. Au lieu d'y aller, on reste ici à banqueter ; au lieu de recevoir l'onction royale en plein milieu du Temple et devant le peupe assemblé, Jésus se contente de l'onction d'une femme. Est-ce que le Christ est fou ?

Judas se retourne et, assez haut pour être entendu et du Christ et de Marie-Madeleine : « A quoi bon une telle dépense ? » Et comme il connaît la lubie de son maître pour les pauvres, il n'est pas fâché de souligner le luxe de ce ridicule hommage. « Voilà un parfum, dit-il, qu'on aurait bien pu vendre plus de trois cents deniers, et l'on aurait distribué cet argent aux pauvres. » L'Evangile nous dit que Judas se souciait fort peu des pauvres, mais qu'il était l'économe de la petite troupe : l'argent lui serait revenu et il l'aurait volé. Bien sûr, Judas n'était pas homme à prendre les risques d'une telle bande sans se ménager quelques bénéfices. Dans l'aventure du Christ, c'est son jeu à lui qu'il jouait. Il pensait le jouer loyalement. Si finalement le Christ gagnait, eh bien, tant mieux : il aurait joué la bonne carte et il en profiterait. Si le Christ perdait, il aurait tout de même pris quelques assurances et il ne perdrait pas tout. De toute manière il est bon d'avoir un peu d'argent quand on risque sa vie et qu'on a affaire avec un individu aussi fantasque et insouciant que le Christ. C'est pourquoi ce n'était vraiment pas le moment de dépenser une petite fortune en parfums sur la tête et les pieds. Tous ces gens-là étaient fous.

Le Christ répliqua avec douceur. Il parlait à Judas avec plus de douceur qu'à tout autre. « Laissez donc cette femme. Pourquoi lui faites-vous de la peine ? Vous aurez bien toujours des pauvres parmi vous. Quant à moi, vous ne m'aurez pas toujours. »

Et reconnaissant que Marie-Madeleine avait agi prophétiquement en vue de sa mort, il la récompense par une autre prophétie, liant à jamais la prédication de l'Evangile à la gloire de cette femme. « Désormais nul ne peut plus m'aider. Elle a fait, elle, tout ce qui était en son pouvoir. Elle a oint mon corps en présage de ma prochaine sépulture. En vérité je vous le dis, partout où cet Evangile sera prêché, à travers le monde entier, on racontera ce que cette femme vient de faire et l'on célébrera sa mémoire. »

Elle avait repris auprès du Christ la mission prophétique du Baptiste. Elle avait déjà reconnu dans le Christ « l'Agneau de Dieu qui efface les péchés du monde ». Cette fois, elle précisait et prolongeait la prophétie. Cet Agneau était l'Agneau pascal et la prochaine Pâque ne se passerait pas qu'il ne soit immolé.

Pour Judas c'en était trop. Il venait de comprendre tout à coup que le Christ était perdu et qu'il acceptait d'avance sa défaite. Alors il se mit à le haïr. Le Libérateur d'Israël était un imposteur. Il ne libérerait pas Israël. Il se laisserait tuer comme un imbécile. En vérité il ne méritait que cela. Quelle rage de s'être trompé, d'avoir été trompé ! Toute la nuit Judas rumina son amère déception. Et déjà il écoutait le démon de la vengeance.

40 — Toute la nuit, Marie-Madeleine pensa à ce que le Christ avait dit. Ainsi c'était bien vrai, son pressentiment ne l'avait pas trompée, le Christ allait mourir. C'était donc vrai que le corps du plus beau des enfants des hommes serait couché dans un tombeau, comme le fut Lazare. Mais lui, personne ne pourrait le rappeler à la vie. Elle lui rendrait les mêmes funèbres honneurs qu'elle avait rendus à son frère.

Oui, c'était vrai, elle allait perdre son bien-aimé, elle ne l'aurait pas toujours. Il avait dit : « ... mais moi, vous ne m'aurez pas toujours ». Oh ! l'affreuse pensée. Le jour où il ne serait plus là, la vie vaudrait-elle encore la peine d'être vécue ? Il avait dit : « Vous aurez toujours des pauvres parmi vous. » Mais le Pauvre des pauvres, c'était bien lui. Bientôt il ne pourrait même plus être secouru, ni vêtu, ni nourri, ni désaltéré par l'eau des fontaines ou le vin dans la coupe, il n'y aurait pas de lumière pour ses yeux, ni de musique à ses oreilles. Elle aurait beau lui dire son amour, il ne l'entendrait même pas. Son corps serait dans la terre.

Ah ! oui, elle avait bien fait de répandre le précieux parfum, celui qu'on ne réserve qu'à Dieu, et c'était un blasphème d'en faire hommage aux hommes. Elle avait fait de son mieux, c'est vrai. Parce qu'elle ne pouvait pas lui donner à la fois tous les trésors de la terre et du ciel, elle avait répandu en son honneur ce qu'elle avait de plus précieux, le sacrant Roi de son cœur, Prince de son amour, pour le temps et l'éternité. Et le parfum s'était répandu dans toute la maison, il y flotterait encore pendant des jours. Quand on entrait on en était comme étourdi.

Comme le Roi fait monter son Epouse sur le trône de sa gloire et l'associe à son règne, il lui avait promis qu'elle serait Reine partout où il serait Roi, qu'on parlerait d'elle partout et toujours, à travers le monde et les siècles. Comme Socrate, mieux que Socrate, avait lié sa Sagesse à celle de Diotime dans *le Banquet,* le Christ avait lié son Evangile au nom et à la gloire de Marie-Madeleine. Faut-il qu'il ait aimé cette femme : elle serait la Reine des Prêcheurs et de la prédication.

Mais à Marie-Madeleine qu'importait la gloire, du moment qu'il ne serait plus là ? Toute gloire, même celle du Royaume de Dieu, ne lui serait que deuil, hors de sa présence à lui : c'est pourquoi elle était éminemment digne de cette gloire.

Au contraire, Judas n'aimait pas le Christ : il n'aimait que la gloire qui lui avait été promise et qu'il avait cru comprendre : « Vous serez sur des trônes pour juger les douze tribus d'Israël. » Il n'aimait pas le Christ et au fond il n'avait pas compris la vraie nature de la gloire qu'il avait promise. Et c'était pourquoi aussi il était indigne de cette gloire.

* 41 — Au matin pourtant la face des choses changea. Chacun obtint répit. Marie-Madeleine et Judas purent se demander si la nuit n'avait pas noirci, elle sa tristesse, lui sa déception. A la pointe du jour, Béthanie fut réveillé par une rumeur immense. Comme au matin des révolutions et sans qu'aucun mot d'ordre ait été donné, la foule était là, bouillonnante, joyeuse, carnassière, prête à la fête comme au meurtre. Elle battait de son flot les murailles et à grands cris elle réclamait son maître. Le Christ sortit et céda à l'enthousiasme. Il prit le chemin de Jérusalem.

Alors toutes les occasions manquées lui furent redonnées d'un coup, en gerbe. Et Judas se demanda encore une fois, et pour la dernière fois, si après tout le Christ n'était pas plus profond politique que lui d'avoir tant attendu.

Il y eut cependant un moment lourd d'un terrible mystère. Toujours pressé par la foule, le Christ arriva sur le mont des Oliviers en vue de Jérusalem. A la vue de la Cité sainte, grise et rose sous le soleil, le Christ pleura et dit : « Jérusalem, que n'as-tu reconnu ce qui pouvait t'apporter la paix ? Que ne le reconnais-tu, aujourd'hui même ? Mais tout cela est caché à tes yeux. Des jours vont venir sur toi où tes ennemis t'entoureront d'un fossé, te cerneront et te presseront de partout. Ils coucheront à terre les fils que tu as dans ton sein et ils ne laisseront pas de toi pierre sur pierre. Parce que tu n'as pas reconnu le temps où tu as été visitée. » Ces paroles et ces larmes, juste au moment où Jérusalem va acclamer celui qui vient la visiter... Il y a entre la Cité sainte et son Dieu un tragique malentendu d'amour qui ne peut être jugé ici-bas. Marie-Madeleine entendit ces paroles, vit ces larmes. Et de nouveau son cœur fut serré par l'angoisse.

L'annonce de l'arrivée du Christ se répandit de bouche à oreille dans la ville, comme le feu de cime en cime dans une forêt. Il y eut une explosion de joie qui ressemblait en effet à un vaste brasier. Ce fut, dans toute sa longue histoire, le plus beau jour d'Israël. Et il restera jusqu'à la fin du monde terriblement mystérieux en effet que ce jour ait eu lieu et qu'il n'ait pas eu de lendemain. A qui la faute ? A Israël ? Pourquoi pas au Christ ? Ce jour-là, et sauf les ennemis personnels du Christ, tout ce peuple était bien sincère. Il reconnaissait en Jésus le Messie qu'il attendait depuis des siècles, il l'acclamait. Et cet enthousiasme était à la fois formidable et touchant, d'une puissance gentille mais entraînante, comme un fleuve qui emporte ses rives. Cette foule fit un triomphe au Christ, et c'est une victoire sur la mort que les filles de Sion célébraient ce jour-là. Elles ne criaient plus, comme lorsque David revenait de la guerre : « Saül en a tué mille. Mais lui, en a tué dix mille. »

Non, les filles de Sion avaient reconnu ce jour-là que la plus grande victoire, plus belle et plus glorieuse que celles de Saül et de David, n'était pas d'avoir tué, mais d'avoir rappelé à la vie. Cette victoire qui illuminait leurs visages d'allégresse n'était ternie par aucun deuil. Ni sang ni boue n'y étaient mêlés. Un triomphe sans armes, sans machines à donner la mort, sans étendards et sans aigles, sans captifs enchaînés, sans dépouilles ni butin. Le plus beau triomphe sous le ciel dans toute l'histoire des hommes. Le Prince de la vie et de la paix, qui monte vers le Temple sur un ânon et entouré de palmes, est plus grand qu'Alexandre et que tous les triomphateurs romains et que tous ceux qui devaient les suivre. « Ne crains pas, fille de Sion, avait dit le Prophète, voici ton Roi qui arrive, assis sur un petit d'ânesse. » Et tout le peuple criait : « Hosanna ! Béni soit Celui qui vient au nom du Seigneur, le Roi d'Israël ! Paix dans le ciel et gloire dans les hauteurs ! »

Les Pharisiens étaient furieux, bien sûr, furieux et débordés. Ils s'approchèrent du Christ : « Entendez-vous ce qu'is crient ? Mettez vos disciples à la raison. » Mais lui, avec un sourire : « Et moi, je vous le dis, si ceux-ci se taisent, les pierres elles-mêmes crieront. »

La ville entière était comme la mer quand elle se met à bouillir avant la tempête. « Qui est celui-ci ? » disait une voix. Et mille voix lui répondaient dans une rumeur grondante : « Lui, mais c'est Jésus, le Prophète de Nazareth en Galilée. » Le flot poussait le flot dans une remontée tumultueuse vers le Temple. Les Pharisiens regardaient ce déferlement et, la rage au cœur, disaient entre eux : « Vous le voyez bien, nous ne gagnons rien. Voici maintenant le peuple entier qui court après lui. »

Qu'allait-il se passer enfin ?

42 — Marie-Madeleine perdue dans la foule avait oublié l'angoisse de naguère et les larmes du Christ sur Jérusalem. Elle subissait la contagion de la joie. Elle regardait et jouissait de ce triomphe, mieux que s'il eût été sien. Si elle pensait encore à Aspasie, Phryné et Cléopâtre, comme elle se sentait heureuse et comblée par rapport à elles ! Celui-ci qu'elle aimait et qu'elle voyait enfin triompher était plus que Périclès et qu'Antoine, plus que Platon. Les deux mains sur son sein, elle contenait son cœur de peur qu'il ne se rompe de joie.

Quant à Judas, pour des motifs bien différents, il exultait. Enfin, on la tenait la révolution. La foule allait forcer la main du Christ et cette main allait enfin saisir le sceptre. Rien n'arrêterait plus la montée au pouvoir. Il faudrait être impitoyable, on le serait. Il faudrait se battre, on se battrait. Cette fois-ci, on irait jusqu'au bout. On débarrasserait Israël des Romains et on ferait la révolution sociale. On s'emparerait des places, de toutes les places et tout de suite. On balaierait le parvis du Temple des Pharisiens insolents et des Princes des prêtres jouisseurs. Cela commençait bien d'ailleurs. Enfin, à la fin des fins, le Christ entrait dans le rôle. Avant de saisir le sceptre, il avait saisi le fouet. Il chassait du Temple les vendeurs et les changeurs, renversait les tables, et les pièces d'or roulaient sur les dalles. Judas en empocha plusieurs. Tout était bousculé. C'était le moment exquis où l'émeute, par le génie d'un chef, tourne en révolution.

Soudain, le Christ, dominant la foule, imposa le silence, comme il avait jadis commandé à la mer. Sa seule présence avait rassemblé cette immense foule. Elle était là, prête à toutes les violences. Il fallait seulement la diriger, l'organiser, lui montrer les objectifs à atteindre et la lancer à l'assaut. Rien ne résisterait. On était maître de la situation. D'ailleurs, il n'y avait pas l'ombre d'une opposition. Tout serait même très facile. Mais en de telles circonstances, il faut se hâter et battre le fer tant qu'il est chaud. Le silence était immense et lourd, comme ce répit qui précède l'orage. Judas, partagé entre l'admiration et la crainte, regardait le Christ. La première phrase dissipa cette crainte. « Enfin, disait le Christ, voici l'heure où le Fils de l'Homme va être glorifié. »

Vraiment, pensa Judas, le Christ était beaucoup plus fort qu'il ne l'avait cru. Très, très fort.

43 — Et puis ? et puis, rien d'autre.

Le Christ parla, il parla pendant des heures et des heures. Une telle éloquence intarissable eut le même effet que la pluie qui dispersa les partisans de Robespierre las d'attendre les ordres, dans la fameuse nuit de Thermidor, sur la place de l'Hôtel-de-Ville. Judas n'attendit pas la fin. La haine lui ravageait le cœur. Le Christ n'était décidément qu'un affreux bavard ! Les Pharisiens avaient raison : il agitait le peuple dangereusement et pour rien. La déception de Judas fut une déception de soldat qui passe à l'ennemi quand il se voit trahi par son chef. Il s'en fut par les ruelles étroites, frappa à une porte, se fit introduire chez le Grand Prêtre qui justement tenait conseil : « Qu'êtes-vous disposé à me donner ? dit-il, et je vous le livre. »

Les Princes des prêtres accueillirent cette proposition avec des exclamations de joie. Tout résolus qu'ils étaient à se défaire du Christ, ils ne savaient comment s'y prendre. Et voici que, sans qu'on l'eût appelé, le traître se présentait de lui-même. Quelle chance, et Dieu veillait encore sur son peuple. Ils convinrent de trente deniers d'argent. C'était moins cher qu'on ne l'eût pensé, le sang du Christ était dix fois moins cher que le parfum de Marie-Madeleine. Judas fit le serment de livrer Jésus de la manière la plus sûre et la plus discrète. On lui faisait confiance.

Dans le parvis du Temple, le Christ parlait...

44 — Le Christ parlait dans le parvis du Temple. Tout le monde n'avait pas les raisons de Judas de mépriser cette éloquence. Une fois de plus, le charme de cette parole incomparable opérait. La multitude était suspendue à ses lèvres. Elle avait oublié la révolution.

Judas avait espéré que la foule forcerait la main du Christ et le déterminerait au coup de force. On ne force pas la main du Christ, jamais. Si ce jour-là le Christ ne fit pas le coup de force, c'est qu'il ne voulait pas le faire et qu'il ne le voudrait jamais. Ce n'était pas dans sa mission. Mais cette mission, il expliquait ce qu'elle était. Ce discours fut une longue confidence, dont l'angoisse parfois ressemble au désespoir, une tentative à corps perdu pour convaincre encore une fois, pour inspirer confiance, pour découvrir au peuple le vrai chemin du salut : à travers la mort et la croix.

« En vérité, en vérité je vous le dis, si le grain ne meurt il reste seul. S'il meurt, il produit beaucoup de fruit. Qui aime sa vie la perd et qui hait sa propre vie en ce monde la sauve éternellement. Et maintenant, voici que mon âme se trouble... Que dire ? Père, Père, épargnez-moi cette heure qui vient... Et pourtant c'est précisément pour cette heure que je suis venu... Eh bien, Père, glorifiez votre nom. »

A ce moment une voix vint du ciel qui dit : « Et je l'ai glorifié. Et de nouveau je le glorifierai. » C'était pour dire à tout ce peuple enthousiasmé par la résurrection de Lazare que cette résurrection n'était qu'un commencement, un présage. Et les gens pensèrent que cette grande voix dans le ciel était le tonnerre.

Le Christ continuait de parler. Oh ! non, il ne renonçait ni à la bataille, ni au Royaume de Dieu. Il expliquait que cette bataille, il la livrait contre le Prince de ce monde, Satan, l'antique ennemi qui nous induit au mal. Et que lui-même, le Christ, il ne commencerait à régner qu'à partir du moment où il serait crucifié. « Quand je serai élevé de terre, j'attirerai tout à moi. » Son vrai trône était un gibet.

La foule était désemparée. « Nous avons lu dans la Loi, disaient-ils, que le Christ demeure éternellement... » Et c'était vrai, mais ils ne comprenaient pas comment c'était vrai. Ils croyaient que la mort est une fin, alors qu'elle n'est qu'un commencement, l'explosion en nous de la vie éternelle.

Quelques-uns pourtant croyaient, même parmi les Princes des prêtres, mais ils eurent peur et n'osèrent pas se déclarer.

C'était fini. Jésus se retrouvait plus seul que jamais au soir de ce triomphe. Une foule désorientée, des amis peu sûrs, un traître parmi les siens. Ayant bien regardé tout son monde, et même Judas qui était revenu, il s'aperçut que le soir tombait. Il partit se cacher à Béthanie.

La bataille, parce qu'elle n'avait pas été livrée, était définitivement perdue.

45 — Désormais le dénouement n'était qu'une question de jours et même une question d'heures. Non seulement le Christ était condamné à mort, mais il était désormais inéluctable qu'il fût exécuté. Où et comment le serait-il ? à quel moment précis ? cela ne dépendait guère que de ses ennemis. Ils n'étaient pas absolument pressés et eussent préféré attendre que la fête de la Pâque fût passée, de peur de provoquer une sédition dans une ville surpeuplée. Mais le vent de la sédition était définitivement tombé, du moins d'une sédition en faveur du Christ. Les chefs des Juifs le sentaient bien. C'est sans doute Judas cependant qui, trouvant l'occasion favorable et craignant qu'elle ne se représentât plus, hâta les événements.

Judas était toujours avec le Christ. Le regard du Christ le traversait. Mais c'était lui qui était aveugle et qui ne voyait pas ce regard. Il était scellé dans sa haine, mieux qu'un mort dans son tombeau. Il n'en ressusciterait pas.

Marie-Madeleine, nuit et jour, avait un poids sur le cœur. Dès que le Christ n'était plus auprès d'elle, elle ne cessait d'attendre la fatale nouvelle de sa mort. Jésus ne la rassurait nullement. Il avait horreur de la mort, mais son courage était aussi grand que le péril. Parfois cependant la peur semblait s'emparer de lui.

A ces moments, Marie-Madeleine se faisait plus silencieuse encore et tout son amour passait dans l'angoisse de ses yeux. Mais quoi, ce qui devait être fait s'accomplirait. Elle ne mourrait pas à la place du Christ. Elle surprenait l'étrange regard de pitié désespérée que le Christ posait sur Judas. Judas lui faisait horreur, comme une bête immonde dans la maison. Que faire ? Ceux qui aiment celui qui va mourir sont plus seuls que le mourant.

Chaque matin le Christ remontait au Temple, bravant en face ses ennemis. La foule lui était encore un refuge. On n'osait l'arrêter. Mais on l'assaillait de questions perfides, et le dialogue, face contre face, les mains tremblantes de colère sous les houppelandes des Docteurs, frôlait souvent l'assassinat. Le Christ répondait aux questions, déroutait les intentions perfides, cinglait cruellement l'orgueil des Pharisiens, prédisait la ruine du Temple et la fin d'Israël. Il maintenait tout entière son intrépide insolence. Chaque soir il quittait Jérusalem pour se retirer à Béthanie, ou dans un grand parc d'oliviers près de Béthanie. C'est là qu'il fut livré par Judas et arrêté par une troupe de valets et de soldats.

Les Apôtres s'enfuirent. Pierre et Jean vinrent jusqu'à Béthanie. Rien qu'à la manière dont on heurta la porte en pleine nuit, Marie-Madeleine sut ce qui était arrivé.

*46 — Marie-Madeleine se leva, s'habilla en hâte, ranima le courage de Pierre et de Jean et avec eux s'en fut aussitôt à Jérusalem. Elle demeura dans une maison amie, celle de Joseph d'Arimathie ou de Nicodème, attendant les renseignements, prête à intervenir, à tenter l'impossible. Penser une minute que Marie, la sœur de Lazare, la Bien-Aimée du Seigneur, a pu rester tranquille dans sa maison et ne l'a pas suivi pas à pas dans cet horrible drame qui allait lui coûter la vie, est une invraisemblance plus monumentale que de dire de

Bethléem qu'elle est dans la Cordillère des Andes. Après tout ce que le Christ avait fait pour elle et pour les siens, il eût fallu que cette femme ait le cœur bien mal placé. Mais évidemment elle était là. En de telles circonstances d'ailleurs les femmes sont à la fois ingénieuses et courageuses, plus pitoyables et plus efficaces aussi. C'est elles qui éperonnent le courage des hommes et nul n'y peut résister sous peine d'encourir leur mépris. On peut être sûr qu'elles ne négligeront pas la moindre chance de disputer un être cher à la mort et de l'arracher aux mains des juges, puis à celles du bourreau. L'espoir est lent à mourir, prompt à revivre dans le cœur d'une femme qui aime.

La première émotion passée, les choses d'ailleurs étaient loin d'être désespérées. D'abord le Christ était vivant. On ne l'avait pas abattu comme un chien, ni jeté son cadavre dans un puits. On voulait au contraire faire un procès dans toutes les règles. Cela donnait un peu de temps et permettait d'agir. Ensuite le Sanhédrin n'avait pas la disposition de la peine de mort. Celle-ci était réservée au Gouverneur romain et la justice de Rome était plus généreuse que celle des prêtres. Il fallait voir immédiatement qui on pourrait toucher, qui on pourrait ébranler, pour sauver celui qui en avait tant sauvés. Mais la haine est ce qu'il y a en Enfer de plus inflexible. Et la haine des Pharisiens avait la dureté du dur Enfer.

QUATRIÈME PARTIE

# *Sur le seuil du dernier jardin*

* 47. — On peut dire ce que l'on voudra des ennemis du Christ. Ce n'étaient pas des hommes médiocres. Si dans cette histoire de sang qu'est le déicide, la haine les dépouille de toute noblesse, elle leur confère pourtant une sorte de grandeur. A l'égard de leur victime, elle leur inspire parfois les gestes d'une horrible sollicitude. Et d'abord elle leur inspira cette décision qui ne manquait pas de courage, de faire en effet un procès, malgré le souci qu'ils avaient d'être débarrassés du Christ au plus tôt. On pourrait croire que ce fut par légalisme et par dévotion aux règles de la justice. Il faut chercher plus loin. Tuer le Christ était loin d'être suffisant, il fallait le déshonorer. Pour une telle tâche un meurtre ne suffisait pas. Il fallait des juges et un gibet. Tant que le Christ avait vécu parmi eux, ils l'avaient regardé vivre, un œil sur la Loi, un œil sur lui. Ils se devaient encore de le regarder mourir, un œil sur la Loi, un œil sur lui.

Déjà à la naissance du Christ, ils avaient regardé la Loi. Quand les Mages, guidés par une étoile, arrivèrent à Jérusalem, l'étoile disparut. Elle s'effaçait devant la Loi. Hérode consulta le Sanhédrin pour savoir où devait naître le « Roi des Juifs ». La réponse fut selon les Prophéties : « A Bethléem de Juda. » Les Docteurs de la Loi ne se trompaient pas plus que la Loi. Pour la naissance du Christ, ils ne s'étaient pas trompés. Ils ne se tromperaient pas davantage pour sa mort.

Ils n'eurent pas besoin de consulter la Loi. Ils connaissaient par cœur le texte du *Deutéronome* sur le châtiment suprême, le châtiment sacré dans une société consacrée à Dieu, le châtiment réservé aux blasphémateurs, le châtiment réservé aux sacrilèges et aux ennemis déclarés de Dieu, le châtiment qui damne celui qui en est l'objet, car il précipite sur lui la malédiction divine. « Maudit par Dieu, disait la Loi, celui qui est pendu au bois. » On devait l'ensevelir avant le coucher du soleil, car la seule présence de son cadavre souillait la terre bien-aimée du Seigneur.

Eh bien ! la Loi serait accomplie et c'est ce châtiment que l'on réservait au Christ, la mort sur le gibet, qui provoquait l'horreur de tous les pieux Israélites. Pour tout bon Juif, fidèle à la Loi, il était impossible qu'un homme pendu à un gibet, en exécution de la Loi, ne fût pas maudit par Dieu, damné par lui, comme il était rejeté par les hommes. La terre et le ciel le rejetaient. Il ne s'agissait donc pas seulement de tuer le Christ, il fallait l'envoyer en Enfer.

48 — Qu'on tourne et qu'on retourne l'Evangile comme on voudra, sur le plan de la politique et de la justice humaine, le Christ n'a pas été condamné et mis à mort par les impies, mais par les « justes » et les dévots. Certes, tous les pécheurs offensent Dieu, les impies, les luxurieux, les voleurs et les menteurs, mais le déicide devait être le fait de prêtres et de dévots. Le Christ est mort, condamné par eux comme impie, comme injuste et, selon la parole du Psaume, ils ont exulté de joie en se lavant les mains dans le sang de cet Impur. Il y a ainsi risque de plus grand péché, tuer Dieu, dans une certaine conception de la dévotion, que dans la luxure ou n'importe quel autre péché capital.

Sur le plan de la justice humaine, ce n'est pas tellement pour nos péchés que le Christ est mort qu'à cause du pardon qu'il avait octroyé aux pécheurs. Il est mort martyr de la miséricorde et de ce pardon. Il se permettait de remettre aux hommes leurs péchés. Un tel scandale ne pouvait être toléré. Les purs, une fois pour toutes, avaient fait défense à Dieu de sauver les hommes.

Les Pharisiens étaient des séparés. Leur fonction était de tracer et de maintenir une ligne de démarcation entre les purs et les impurs. Il fallait laisser pourrir ce qui périssait. Défense de toucher les morts, défense de se laisser toucher par les pécheurs. Malheur à celui qui traversait cette ligne. Il était contaminé par l'impureté, tombait lui-même en pourriture.

Le Christ avait affirmé au contraire qu'il était venu pour sauver ce qui périssait, ce qui tombait en pourriture. Il se laissait toucher par les pécheurs et il prétendait que ce seul contact les rendait purs. Il touchait les morts qui déjà sentaient mauvais — et cela était vrai, on l'avait vu — et à ce seul contact ils ressuscitaient. Marie-Madeleine et Lazare étaient là pour témoigner de l'une et l'autre insolences. Le Christ les avait l'un et l'autre sauvés par amour, mais c'est cet amour-là qui devait être châtié du châtiment suprême. Il fallait choisir entre l'amour et la séparation, qui étaient contradictoires. Les Pharisiens étaient les gardiens de cette barrière, les douaniers de la pureté. Le Christ avait osé passer le seuil interdit. Ils ne rateraient pas le hardi contrebandier qui sauvait en fraude les âmes et les corps. Il devait être damné sans recours.

*49 — L'aube blanchissait le ciel et le procès du Christ devant le Sanhédrin allait commencer. Marie-Madeleine attendait dans une maison voisine et de temps en temps on lui portait des nouvelles. Elle n'avait pas d'espoir sur l'issue de ce procès devant le Sanhédrin. Elle connaissait trop bien les Pharisiens et leur haine implacable. Son amour pour le Christ était né du pardon de ses fautes, mais il s'était épanoui de gratitude quand elle avait entendu le Christ non seulement lui pardonner ses péchés, mais prendre publiquement sa défense contre les Pharisiens. Le Christ lui était apparu alors, plus encore que le refuge des pécheurs, leur revanche contre les « justes ». Quel mystère, mais sans cesse affirmé tout le long de l'Evangile. Tout se passe comme si les pécheurs étaient opprimés par les « justes », que le Christ soit venu les libérer de cette affreuse tyrannie, les honorer d'un privilège spécial contre les « justes ».

Marie-Madeleine se souvenait, elle n'en finissait pas de se souvenir. La parole du Christ lui revenait au cœur : « Je ne suis pas venu appeler les justes, mais les pécheurs. » Elle se souvenait de la drachme perdue (et l'on remue toute la maison pour la retrouver) ; de la brebis égarée (et on laisse le troupeau dans le désert pour la rechercher) ; et qu'il y a plus grande joie au ciel pour un pécheur qui se convertit que pour quatre-vingt-dix-neuf justes qui persévèrent. Elle se souvenait de la parabole de l'enfant prodigue pour qui on fait venir les musiciens et on tue le veau gras. Elle se souvenait de cette femme adultère que les Pharisiens avaient amenée au Christ parce que la Loi commandait de la lapider. Elle se souvenait du beau visage rouge de honte de se voir au milieu de tous ces hommes et du regard délivré qu'elle avait enfin levé sur le Christ. « Que celui qui est sans péché, avait-il dit, lui jette la première pierre. » Et à elle : « Je ne vous condamnerai pas non plus. Allez et ne péchez plus. » Le seul homme au monde qui aurait eu le droit de condamner les pécheurs ne les a pas condamnés, mais en leur ouvrant l'accès de son amour leur donne la force de se repentir et d'être pardonnés septante fois sept fois. Cela donc doit bien être vrai que d'une certaine manière en ce monde les « justes » oppriment les pécheurs, et qu'ils ne sont justes qu'aux dépens des pécheurs, comme les riches ne sont riches qu'aux dépens des pauvres. Les « justes » oppriment les pécheurs et, dans ce conflit sans merci, le Christ avait pris solennellement le parti des pécheurs. Il serait écrasé avec eux.

Marie-Madeleine se souvenait — et c'est même ce qui avait créé sa complicité la plus profonde avec le Christ — qu'il l'avait libérée de l'oppression des justes et de leur mépris. Qu'il avait dépassé pour elle l'antagonisme des « justes » et des pécheurs, affirmant que désormais il n'y avait que ceux qui étaient riches d'amour et ceux qui étaient pauvres d'amour. Et les avares d'amour, pécheurs ou « justes », étaient rejetés du Royaume ; et les riches d'amour, « justes » ou pécheurs, étaient les Princes du Royaume. Elle savait que les Pharisiens n'accepteraient jamais les lois de la Cité nouvelle, parce qu'ils n'y seraient plus les privilégiés. Ils haïssaient la Cité de l'amour et son Prince, parce qu'ils les dépossédaient de leur « justice » et de sa sécurité. Ils haïssaient la Cité de l'amour et son Prince, comme tous les possédants peuvent haïr une révolution et son chef qui les dépouilleront. Le Christ les dépouillait en effet de leur « justice », non pas même pour se l'approprier, mais pour la jeter aux ordures. Il ajoutait à la spoliation l'affront. Eh bien ! ils ne se laisseraient ni dépouiller ni bafouer. On allait voir de quel côté était Dieu.

Au temps de sa luxure triomphante, Marie-Madeleine avait cru aussi mépriser les justes. En ce temps-là elle pensait que la pureté des justes n'était qu'une peur et un refus de la vie. Oui, elle les avait méprisés de tout le poids de son éclatante beauté. Mais au fond elle ne les avait pas dérangés, parce qu'elle n'avait pas prétendu être plus pure qu'eux. Ils lui avaient rendu mépris pour mépris. Les Pharisiens et elle avaient vécu sur deux planètes différentes, parfaitement harmonisées par la gravitation du mépris mutuel. Le monde eût pu continuer ainsi longtemps, très longtemps, les « justes » d'un côté, les pécheurs de l'autre, ne se touchant pas, ne se regardant même pas.

Et voilà que le Christ était venu pour tout bouleverser. Il avait mêlé exprès les deux mondes. Il prétendait que Dieu aimait également les pécheurs et les justes, avec une préférence marquée pour les pécheurs qui se convertissent et qu'il donne aux uns et aux autres son soleil et sa pluie. Lui-même, le Christ, faisait sa société avec les pécheurs. Il brisait les conventions, il mettait en péril l'ordre établi, il soulevait trop de problèmes, il était de trop ; une certaine conception de l'ordre consistant, non pas à résoudre les problèmes, mais, coûte que coûte, à empêcher qu'on les pose. Cette conception est celle des Pharisiens de tous les temps. Elle est tout ce qu'il y a de plus cruel au monde. Elle était celle de Caïphe et des ennemis du Christ. C'est à cette conception qu'il allait être immolé.

... A ce moment Jean revenait de la maison du Grand Prêtre. Le Christ avait été condamné à mort par le Sanhédrin.

50 — Restait à faire entériner la sentence par le Gouverneur romain, Ponce Pilate.

C'est du côté de Pilate et du côté d'Hérode que les amis du Christ sont sûrement intervenus avec instance pour le sauver. Marie-Madeleine était une très grande dame. Toutes les portes s'ouvraient devant elle et, en principe, on ne lui refusait rien. Elle se présenta à toutes les portes. Quand elle sut que Pilate renvoyait le Christ à Hérode, qui se trouvait à Jérusalem pour la Pâque, elle courut chez ce Prince. Hérode fut enchanté de recevoir le Christ à son tribunal. Il y avait longtemps qu'il désirait le voir et il le lui avait fait dire. Il se souvenait des retentissantes guérisons opérées par le Christ, qui avait enlevé à sa Cour plusieurs dames, dont précisément Marie-Madeleine. Mon Dieu ! il ne demandait pas mieux que d'être bon Prince et de donner sa chance au Christ, à condition que celui-ci consentît à faire en sa présence quelques miracles, pour l'amuser. Marie-Madeleine dut bien augurer de ces dispositions. Mais même pour sauver sa vie, le Christ n'était pas un amuseur. Non seulement Hérode n'en put tirer le moindre miracle, mais même pas un mot, un seul mot. Hérode n'aimait pas qu'on se moquât de lui. Mais cette fois, il fut plus clément que pour Jean-Baptiste, peut-être à cause de Marie-Madeleine qui était là. En dérision, il fit revêtir le Christ d'une robe éclatante et le renvoya à Pilate.

Marie-Madeleine vit, vit de ses yeux celui qui était la Sagesse revêtu de la livrée des fous. Condamné déjà à mort au nom de la Loi, comme blasphémateur, impie, impur et scandaleux, le voici traité de fou par un des Princes les plus hellénisés de l'Orient. Le christianisme prenait là son emplacement définitif : scandale pour les Juifs, folie pour les Gentils, reconnu seulement par les yeux de l'amour, comme étant la vertu et la Sagesse de Dieu.

C'était donc du côté de Pilate qu'il fallait agir. Pilate était très impressionné par toute cette affaire. Le Christ lui était sympathique. Juridiquement, il trouvait qu'il n'y avait rien contre lui. Il fit tout pour le sauver et l'on sent, derrière le rideau, des négociations et des influences qui jouent. La première pensée qui pouvait venir à l'esprit était de toucher la femme de Pilate. Les femmes des Princes étaient les intermédiaires désignées de la miséricorde. Justement la femme de Pilate avait eu cette nuit-là un rêve au sujet de Jésus et qui l'avait inquiétée. Ou peut-être inventa-t-elle cette histoire pour frapper son mari qu'elle savait superstitieux. Quand elle apprit par Marie-Madeleine que Jésus était devant le tribunal de son mari, elle lui envoya un billet le suppliant de ne pas se mêler des affaires de ce « juste ».

Mais Pilate avait à faire à forte partie. La haine des chefs des Juifs était implacable et leur faisait proférer les plus abominables reniements : « Nous n'avons point d'autre roi que César. » Pilate en fut épouvanté. C'est cette abjection qui l'épouvantait. L'abjection n'a pas de limite. A ce moment, il les sentit capables de tout s'ils n'obtenaient pas leur proie. Il leur céda cette proie par lassitude, par dégoût et parce que, au point où en étaient les choses, et de son point de vue à lui, il valait mieux une injustice qu'un désordre, et surtout ce désordre. Il se fit apporter une aiguière et se lava les mains devant tout le monde : « Je me lave les mains du sang de ce juste », dit-il. La réponse arriva dans une clameur terrible : « Que son sang retombe sur nous et sur nos enfants. »

Judas, qui était dans la foule, vit que sa trahison allait porter tout son fruit. Il haïssait le Christ, certes, mais il haïssait non moins ceux qui allaient le tuer. Il se haïssait lui-même d'avoir livré celui qu'il avait aimé. Il pensa que ce monde est mauvais, que la haine y est toujours, en soi et autour de soi, plus forte que l'amour. Il se dirigea vers le Temple, traversa les immenses parvis et alla jeter aux pieds des Princes des Prêtres la bourse qu'il avait reçue. « J'ai livré le sang du juste », dit-il, reprenant sans en avoir conscience l'expression de Pilate, comme celui-ci avait repris l'expression de sa femme.

Cet argent tintant sur les dalles fut le dernier donné au Dieu vivant dans son Temple de Jérusalem. Dieu avait aimé son peuple jusqu'à lui donner son Fils unique. On lui rendait la monnaie de sa pièce. Il la refusa. Les Prêtres ne voulurent pas mettre ces deniers dans le Trésor du Sanctuaire. « Que nous importe ? C'est ton affaire », dirent-ils à Judas.

C'était son affaire en effet. Judas sortit dans la campagne et se pendit à un arbre. Son ventre creva par le milieu.

* 51 — Marie-Madeleine était dans la foule avec la mère de Jésus, la sœur de celle-ci, Salomé, et Jean l'Apôtre bien-aimé. Le Christ est damné par la Loi : ses amis le suivent jusque dans cette damnation. Marie-Madeleine l'y suivait de plein cœur. Jamais son amour pour le Christ n'avait été si total, si violent. Elle ne doutait pas de son amour à lui. La vie de cet homme n'avait été dépensée qu'à l'amour, c'est à l'amour que se dépenserait aussi sa mort.

L'amour est au milieu de l'humanité comme un fleuve

immense et sauvage, qui, à la fin de ses crues, abandonne de tous côtés des marécages qui croupissent, avec des bêtes hideuses dedans. Dans son adolescence, Marie-Madeleine s'était baignée dans toutes ces mares, croyant toujours découvrir l'amour. Mais un jour elle avait découvert enfin le fleuve pur, profond et tranquille. Elle s'y était jetée à corps perdu et n'avait désormais d'autre vie que celle de ce bienheureux courant. Et maintenant la haine et la méchanceté des hommes allaient-elles tarir ce fleuve ? Jamais le regard de son Bien-Aimé n'avait été aussi ferme, aussi limpide, en la regardant. Il rayonnait d'une assurance surhumaine.

Ayant été cruellement flagellé, le Christ fut revêtu de ses habits, chargé d'une croix de bois, mis entre deux voleurs et, sous la garde de légionnaires romains, le petit cortège s'ébranla, suivi du petit groupe fidèle à Jésus et d'une foule immense. Les exécutions capitales ont toujours attiré plus de monde que les fêtes des rois.

On arriva sur une colline à l'extérieur des murs, appelée Golgotha. Là on crucifia les trois criminels, le Christ au milieu comme le plus criminel d'entre eux. Les croix étaient basses. Marie-Madeleine, à genoux, pouvait embrasser les pieds du Christ et les essuyer de ses cheveux. Le parfum qui coulait sur ces pieds était chaud, la sève même de l'Arbre de Vie. Quand elle levait les yeux, elle voyait son Bien-Aimé, cloué contre le ciel, comme un oiseau de proie cloué contre un portail. Il emportait avec lui les péchés des hommes : c'était sa proie.

Marie-Madeleine regardait mourir celui qui avait dit : « Je suis la Résurrection et la Vie. » S'il avait dit encore : « Je suis la Vie et la Résurrection... » Mais il avait toujours pris l'autre côté du rêve. Il était la Vie éternelle et elle le savait. Mais il rentrait sans elle dans l'éternité, où elle ne pouvait l'atteindre pour le moment. D'ailleurs, elle ne cherchait pas à comprendre. Il n'y avait rien à comprendre : tout était affreux. Elle eût voulu mourir.

D'autres que le Christ mouraient. A ce moment, Marie-Madeleine entendit l'un des deux voleurs dire à Jésus : « Seigneur, souvenez-vous de moi, quand vous serez dans votre Royaume. » Et Jésus dit : « Ce soir même tu seras avec moi dans le Paradis. » Marie-Madeleine enviait cet homme, crucifié justement pour ses crimes. Rien n'existait plus, ni crimes, ni justice que d'être avec Jésus. Etre avec Jésus, c'était cela le Paradis.

Alors Jésus dit : « Tout est consommé. » Il avait fait tout ce qu'il avait à faire. Sa tâche était finie, achevée. Nul homme parmi les hommes que le Maître de la Vie éternelle n'a eu plus conscience du temps, de sa pesanteur insupportable. Il était délivré enfin de cette « heure » qu'il avait tellement redoutée. Si l'on osait, on le bénirait, lui qui bénit tout, d'avoir été si réellement comme le plus malheureux d'entre nous. Et Marie-Madeleine fut soulagée elle aussi que ce soit fini. Elle avait pourtant horreur de ce soulagement.

« Père, dit-il, je remets mon âme entre vos mains. » Tout au long de sa vie, il eut la préoccupation, qui ressemblait parfois à l'angoisse, de son Père : « Père, écoutez-moi... », « Père, glorifiez votre nom... », « Je fais toujours ce qui plaît à mon Père ». Et maintenant, comme le bon serviteur, il s'en remet encore à Lui de tout. Alors, ayant poussé un grand cri, il expira. Tout était fini.

Les soldats vinrent et constatèrent le décès. Pour être plus sûr, le Centurion donna un coup de lance dans ce cœur, Roi et centre de tous les cœurs. Il en sortit encore du sang et de l'eau.

On ensevelit Jésus en hâte dans un jardin voisin. Marie-Madeleine accompagna le corps au tombeau. On roula la pierre contre le sépulcre. Tout le monde s'en fut. Marie-Madeleine resta longtemps appuyée contre la pierre, et pleurant.

Mais le soir tombait et la première étoile brillait dans le ciel. Sur les remparts du Temple, les trompettes sonnaient le premier appel, annonçant que la Pâque allait commencer. Mais la vraie Pâque était déjà célébrée. L'Agneau de Dieu qui efface les péchés du monde avait été immolé.

Tout était accompli en effet.

Les chefs des Juifs vinrent, posèrent les scellés sur la pierre du sépulcre et mirent devant une garde armée qui se relèverait nuit et jour. Avec un tel imposteur, on ne savait jamais... Deux précautions valaient mieux qu'une.

* 52 — Pour la première fois dans toute sa longue histoire, Israël était seul au monde. Dieu n'était plus avec son peuple et il avait quitté son Temple. Du haut en bas, le voile du Saint des Saints s'était déchiré. Jamais cependant les Prêtres n'avaient célébré la Pâque avec une si triomphante allégresse. Leur ennemi l'avait avoué avant de mourir, tout était fini, l'ordre était rétabli. Désormais, on pouvait honorer Dieu en paix.

Les disciples du Christ étaient frappés de terreur. L'horrible image du supplicié, maudit de Dieu, sur la montagne, hantait leurs esprits. Ils se terraient, barricadaient les portes, se faisaient oublier, avaient peur de la grande lumière de la rue. Ils tremblaient qu'on ne les saisît aussi pour les mettre à mort comme complices.

Marie-Madeleine était abîmée dans la douleur. La foi et l'espérance n'étaient en elle gardées que par l'amour et cet amour était meurtri. Sa pensée et son cœur étaient au tombeau du Christ. Cette longue journée du Sabbat, où il était interdit de bouger, elle se reprochait de ne pas la passer contre la muraille, derrière laquelle son Bien-Aimé reposait.

Son Bien-Aimé ? Ce corps supplicié et sans vie était son Bien-Aimé. Elle n'aurait su l'expliquer, mais ce corps couché sur le banc de pierre au fond du tombeau, dans la nuit, était son Bien-Aimé, véritablement Lui. Quand son frère avait été mort, elle était aussi allée à son tombeau pour y pleurer. Mais ce qu'elle avait pleuré auprès du cadavre pourrissant, c'était précisément l'absence de son frère, la dure absence, bafouée par la vermine. Elle savait trop bien que cette charogne, qui était la proie des vers, n'était plus son frère. C'est pourquoi elle pleurait auprès de cette chose sans nom qui avait pris la place de son frère.

Quand elle avait eu le cadavre du Christ dans les bras, elle n'avait pas éprouvé le même sentiment d'absence. D'une manière étrange et indicible, mais avec la certitude de l'amour, elle avait senti que Jésus lui-même, dans ce qu'il avait de plus précieux et de plus personnel, était encore là, elle avait senti que ce cadavre était quelqu'un, que c'était Lui, Jésus, et pas autre chose. Certes, elle savait trop bien que ce corps était inanimé, que l'âme en était absente et que son Bien-Aimé était réellement mort, de mort humaine et douloureuse. Mais son cadavre n'en restait pas moins rayonnant d'une présence vertigineuse. Elle adorait d'adoration ce cadavre.

53 — La théologie ici éclaire l'histoire. Il est très vrai que le Christ était réellement mort et que, par cette mort, l'âme du Christ avait été séparée de son corps, qui était un vrai cadavre. Mais la personne même de Jésus, sa Divinité transcendante, restait substantiellement unie, d'une part à son âme, d'autre part à son cadavre. C'est d'ailleurs ainsi que la résurrection restait possible : la Personne éternelle du Christ, Fils de Dieu, pouvait à n'importe quel moment, librement, réunir cette âme qui restait sienne, et ce corps qui restait sien. L'âme et le corps étaient séparés entre eux par la mort, mais la mort n'avait séparé de la Personne du Fils de Dieu ni l'âme, ni le corps qui lui appartenaient toujours. L'un et l'autre subsistaient en cette Personnalité toute-

puissante, l'un et l'autre n'avaient d'autre existence que celle de cette très haute Personne. Marie-Madeleine, tout au long de ce Samedi Saint, avait raison d'adorer le cadavre de son Bien-Aimé, car ce cadavre était Dieu même en Personne. Le vrai Dieu d'Israël n'était plus dans son Temple, il était, à l'état de cadavre, dans le tombeau de Joseph d'Arimathie. La malédiction de la Loi tombait sur un corps mort, mais qui contenait toutes les complaisances du Père. L'Antigone chrétienne veillait et pleurait sur un cadavre qui, étant Dieu, était aussi toute Sagesse et toute Pureté. Liée à Dieu même de toute la force de son amour, elle était par sa charité la Sœur et l'Epouse de ce cadavre : *Soror mea Sponsa.*

Dans toute l'histoire du monde, jamais aucune dépouille humaine n'avait été plus digne des plus précieux parfums des sépultures. L'onction de Marie-Madeleine avait prophétisé, plus que la mort humaine et la sépulture du Christ, la présence réelle de Dieu dans un corps d'homme mort devant qui se prosterneraient les Anges. Voilà le mystère douloureux que Marie-Madeleine avait été jugée digne d'annoncer.

Partout où Dieu habite, c'est le Paradis. Phryné avait trouvé le vrai Paradis éternel, elle l'avait tenu dans ses bras tout sanglant, elle l'avait tenu dans le deuil et les larmes. Dieu même gisait dans l'humiliation du tombeau, mais il n'avait rien perdu de sa toute-puissance, de sa gloire et de son amour infini. La toute-puissance, la gloire éternelle, l'amour infini de Dieu, même couchés dans la terre, restent toujours capables de bouleverser le monde. Le deuil d'amour de Marie-Madeleine rayonnait d'espérance. Il était impossible que tout fût fini.

54 — C'est ici que la liturgie a un sens de l'histoire incomparable, un sens de l'événement historique, de son poids et de son essor. Si l'on veut non seulement comprendre, mais sentir ce que dit l'Evangile de la Passion et de la Résurrection du Sauveur, qu'on passe la Semaine Sainte dans un monastère. Depuis le Dimanche des Rameaux où la procession cogne en chantant à la porte de l'église — et il faut cogner trois fois pour qu'elle s'ouvre enfin — jusqu'au Samedi Saint, on revit la tragédie de la Passion. De jour en jour, d'heure en heure, l'angoisse grandit, puis s'abîme dans le deuil, un deuil sévère, sans ostentation, tragique, avec le tabernacle vide et les autels dépouillés. Il est impossible de ne pas ressentir le vide de la disparition du plus beau des enfants des hommes.

Et puis au soir du Samedi Saint, tout commence par la bénédiction du feu nouveau et ce prodigieux cantique de l'*Exultet*, qui associe dans la même allégresse les trompettes et les mystères, les Anges et les abeilles, la Trinité divine et la nuit, le péché d'Adam et l'encens, la plus belle des étoiles et le peuple chrétien. On dirait le discours chanté d'un poète, ivre de vin nouveau.

Enfin la cérémonie arrive au récit même de l'Evangile, que le diacre chante solennellement, et il n'est pas de récit plus joyeux sur une plus légère cadence. « A la

fin de la nuit, après le Sabbat, au réveil de l'aube, Marie-Madeleine alla, avec l'autre Marie, pour voir le tombeau. Et voici : il y eut un grand tremblement de terre. Un Ange du Seigneur descendit du ciel. Il vint, renversa la pierre. Et il était assis dessus. Il ressemblait à la foudre et son vêtement brillait comme la neige. Saisis de terreur, les gardes étaient comme morts. L'Ange parla et dit aux femmes : « Vous autres, ne crai-
« gnez rien. Je sais bien qui vous cherchez : Jésus qui
« a été crucifié. Il n'est pas ici. Il est ressuscité comme
« il vous l'avait annoncé. Venez et voyez l'endroit où on
« avait déposé le Seigneur. Et maintenant, partez vite.
« Dites à ses disciples qu'il est ressuscité. Il ira au-
« devant de vous en Galilée. C'est là que vous le verrez.
« Et voici : je vous ai fait mon message. »

Bon, voilà que tout recommençait.

Non seulement Marie-Madeleine et l'autre Marie, mère de Jacques, mais Jeanne, femme de Chuza, et d'autres femmes, se trouvèrent en même temps au tombeau où elles étaient venues avec des parfums dans l'intention d'embaumer le corps. Après le discours de l'Ange, elles s'enfuirent éperdues en courant, rentrèrent chez elles frappées de terreur, sans oser rien dire à personne. Seule Marie-Madeleine s'en fut trouver Pierre et Jean et leur dit, folle d'angoisse : « On a enlevé le Seigneur du tombeau et nous ne savons pas où on l'a mis. » Ce qui l'avait uniquement frappée était la disparition du corps, qu'elle appelait *le Seigneur*. Le discours de l'Ange s'effaçait comme un songe.

Pierre et Jean sortirent en hâte et coururent au tombeau. Il était ouvert et vide. Les gardes et les Anges avaient disparu. Ils virent les linges qui avaient enveloppé le corps et d'un autre côté le suaire, qui avait enveloppé la tête, soigneusement plié.

55 — Marie-Madeleine retourna au tombeau. Elle était accablée de tristesse et ne pouvait croire à tant

d'infortune. Non seulement son Bien-Aimé était mort, mais son précieux cadavre avait disparu. Se pouvait-il que la méchanceté des hommes allât aussi loin que de s'acharner sur un cadavre ? Se pouvait-il qu'on l'ait privé de cette dernière consolation, de venir adorer ce corps, où se réfugiait tout son amour ?

Elle arriva au tombeau. Pierre et Jean étaient repartis. Le tombeau semblait abandonné. Elle se tint debout à l'extérieur, appuyée contre la paroi du rocher, et elle pleurait. Tout en pleurant, elle se pencha pour regarder encore une fois dans le sépulcre. Elle ne pouvait croire à ce deuil redoublé. Peut-être, la première fois, avait-elle mal vu ? Mon Dieu, si elle pouvait seulement retrouver ce corps adoré ! Elle se pencha pour voir. Il y avait quelqu'un dans le tombeau, deux Anges, vêtus de blanc, à la place même où le Christ avait été déposé, l'un à la tête, l'autre aux pieds. Ils lui dirent : « Femme, pourquoi pleurez-vous ? » Elle répéta ce qu'elle avait dit à Pierre et Jean : « On a enlevé mon Seigneur et je ne sais où on l'a mis. » Elle se détourna des deux Anges, désespérée. Que lui importaient ces deux Anges qui restaient là comme des propres à rien, au lieu de l'aider à retrouver son Seigneur ?

Alors elle vit un homme debout près d'elle. Elle ne le reconnut pas et le prit pour le jardinier. Cet homme lui posa la même question que les Anges : « Femme, pourquoi pleurez-vous ? Qui cherchez-vous ? » Et elle, sans répondre directement à la question, sans même nommer celui dont l'absence avait perdu son âme, dit : « Seigneur, si vous l'avez enlevé, dites-moi où vous l'avez mis et je le prendrai. » Elle est absurde et ne calcule pas le possible et l'impossible, comme les gens qui souffrent beaucoup d'amour.

Alors cet homme prit une certaine voix qu'elle ne pouvait pas ne pas reconnaître, et l'appelant par son nom lui dit : « Marie. »

C'était Jésus. Elle se précipita à genoux vers lui. « Mon Maître », dit-elle.

Mais le jeu de l'amour continuait mystérieusement. Il la repoussa de la main. « Ne me touchez pas, dit-il. Je ne suis pas encore remonté vers mon Père. Allez vers mes frères et dites-leur que je monte à mon Père et à votre Père, à mon Dieu et à votre Dieu. »

Tout n'était plus que joie. Marie-Madeleine courut rejoindre les disciples, et, tout essoufflée : « J'ai vu le Seigneur, dit-elle, et voici ce qu'il m'a dit. »

Mais ces paroles parurent être l'effet du délire. Et on ne la crut pas.

56 — Dans l'après-midi, le Christ rejoignit sur la route deux disciples qui s'en allaient à Emmaüs. Il entra avec eux dans une hôtellerie et, durant le repas, se fit reconnaître à la fraction du pain. Quand il eut disparu, ces deux disciples retournèrent en hâte à Jérusalem et rejoignirent les Apôtres dans la maison où ils étaient enfermés. Ils racontèrent comment ils avaient vu le Christ. Et on ne les crut pas. On leur dit cependant que Simon Pierre témoignait aussi l'avoir vu.

Alors, dans cette maison bouclée à double tour et toutes les portes étant fermées, le Christ apparut à ses Apôtres rassemblés et il commença de les quereller âprement. Il leur reprocha leur incrédulité et la dureté de leur cœur parce qu'ils n'avaient pas cru les témoins de sa résurrection. La foi chrétienne a été fondée par des hommes sans enthousiasme et sans imagination, incrédules et prudents, timides et terrorisés, et qui n'ont ouvert leurs cœurs à la lumière de la Résurrection du Christ que parce qu'ils y étaient contraints et forcés par l'évidence du fait. « Pourquoi vous troublez-vous ? leur dit le Christ sévèrement. Et quelles sont ces pensées qui montent dans vos cœurs ? Voyez mes mains et mes pieds, touchez et voyez. Un fantôme n'a ni chair ni os. Et vous voyez bien que je suis, moi, en chair et en os devant vous. »

Et parce qu'ils ne croyaient pas encore et refoulaient la joie qui commençait de les assaillir : « Avez-vous, dit-il, quelque chose à manger ? » On lui présenta une portion de poisson rôti et un rayon de miel. Il mangea devant eux. Puis, comme la mère de famille qui préside la table, il donnait aussi à chacun une part.

Il manquait ce jour-là un Apôtre à la réunion, Thomas, celui qui avait dit qu'il fallait mourir avec le Christ. Quand on lui raconta la scène de l'apparition, il n'en voulut rien croire : « A moins que je voie les trous des clous dans ses mains et que je mette mon doigt à la place même des clous, et que je mette ma main dans son côté, je n'en croirai rien. » Et pendant huit jours, il n'en crut rien.

Huit jours après ils étaient tous réunis, et Thomas, cette fois-ci, était là. Jésus parut au milieu d'eux et leur dit : « La paix est avec vous. » Alors, il dit à Thomas : « Mettez votre doigt ici et voyez mes mains. Donnez votre main et mettez-la dans mon côté et ne soyez plus incrédule, mais fidèle. » Thomas répondit par une exclamation d'adoration : « Mon Seigneur et mon Dieu. » Jésus lui dit, et par-dessus lui cela s'adresse à toutes les générations d'hommes : « Parce que vous m'avez vu, Thomas, vous avez cru. Bienheureux ceux qui n'ont pas vu et qui ont cru. »

Le Seigneur apparut encore plusieurs fois en divers lieux et diverses circonstances, parfois devant des foules de plusieurs centaines de témoins. Jusqu'au bout, il y en eut qui ne crurent pas et qui refusèrent l'évidence. La religion chrétienne avait commencé son chemin dans le monde.

Quand on lit attentivement les récits des quatre Evangiles, on s'aperçoit que, dans la majorité des cas, l'effet premier de la Résurrection du Christ et de son apparition fut sur les témoins la terreur, et sur ceux qui en entendaient parler, l'incrédulité. C'était trop fort. C'était impossible. Et quand on était obligé de constater, avec ses propres yeux et ses propres mains, qu'aussi fort, aussi impossible que ce fût, c'était pourtant vrai, aussi vrai qu'un coup de massue derrière la nuque, alors le premier mouvement était de terreur. En ces quelques jours, le Christ a employé pour convaincre la même méthode qu'emploient tous les tyrans pour terroriser. Il apparaissait brusquement, tantôt ici, tantôt là, comme un fléau frappe, comme se déclare dans une ville la peste ou le choléra, comme un dangereux bandit fait ses coups, comme une police totalitaire réprime un complot de résistance. On est bien obligé d'y croire à force d'en être effrayé, bien qu'il y en ait toujours qui n'y croient pas. Mais pour les apparitions du Christ, le premier mouvement de frayeur passé, c'était une explosion de joie. Il ne s'agissait pas d'un fléau, mais d'une excessive espérance.

57 — Tels sont les faits. Sous les récits des Evangiles, on perçoit encore l'hésitation du doute, le refus de croire sans toucher, la véhémence des invectives du Christ, le frémissement de la joie. Tout cela aide notre faiblesse, plus que si la nouvelle de la Résurrection du Christ avait été accueillie par tous avec un enthousiasme spontané. En fait, les ennemis du Christ y crurent plus vite que la plupart de ses amis. La haine a de ces clairvoyances. Quand les gardes affolés et confus vinrent trouver les Princes des prêtres et leur racontèrent qu'un Ange les avait terrassés, que le tombeau était ouvert et que le corps avait disparu, les Princes des prêtres ne doutèrent pas une minute qu'ils se trouvaient en présence d'un nouveau prodige de celui qu'ils appelaient le « Séducteur ». Cet homme serait toujours pour eux comme un serpent, dont on avait bien cru écraser la tête, et qui soudain la redresse plus insolente que jamais. Que faire ? Les Princes des prêtres réflé-

chirent et résolurent d'acheter le témoignage des soldats. Ils leur donnèrent de l'argent, beaucoup d'argent, et on leur fit la leçon à répéter : la garde s'était endormie. Pendant son sommeil, les disciples du Christ étaient venus et avaient dérobé le corps.

Il y a, pour cerner l'événement grandiose de la Résurrection du Christ, un élément de comédie qui ajoute encore à la saveur de vérité du drame. Au moment où les disciples, consternés par l'effondrement de tous leurs espoirs, crevant de peur d'être arrêtés aussi, s'enferment à double tour dans une maison et n'osent pas mettre le nez dehors, on les accuse d'avoir fait un coup de main d'une hardiesse invraisemblable. Cela ressemble à ces histoires de chasse, où le malheureux lièvre, las enfin d'avoir peur, se met à poursuivre les chasseurs.

Ajoutant l'absurde à l'absurde, au lieu de jeter les gardes en prison pour négligence et désertion de poste, on leur paie à boire pour qu'ils racontent partout l'histoire de leur impardonnable défaillance. Pour ceux qui sont sensibles à l'ironie du sort, il est réconfortant que le Christ ressuscité n'ait pas dédaigné de jeter sur ses ennemis la pourpre éclatante du ridicule. On voit bien ces soldats, ramassant leurs armes et leurs équipements, regardant avec prudence l'intérieur du tombeau, découvrant avec effroi qu'il est vide, n'y comprenant absolument rien et tenant conseil pour savoir ce qu'il faudrait faire. Et comme il n'y avait rien d'autre à faire, baissant le nez, ils s'en retournent à Jérusalem pour rendre compte aux Princes des prêtres. C'était sûr, ils ne couperaient pas au conseil de guerre. Quelle histoire... Pas du tout, on leur donne de l'argent pour aller boire.

Ils se payèrent tournée sur tournée. Falstaff lui-même porta un toast à la bonne santé du Grand Prêtre, et aussi de ce mort fabuleux, qui passait à travers les murailles.

58 — Ainsi parmi les disciples du Christ, auxquels il est apparu après sa Résurrection, il y eut deux attitudes bien différentes dès le premier moment. La plupart ont été terrorisés et n'ont cru à la réalité de la Résurrection de leur Maître que contraints et forcés par l'évidence sensible, le témoignage de leurs sens et les invectives du Christ.

Les autres, de beaucoup les moins nombreux, Marie-Madeleine, les pèlerins d'Emmaüs et peut-être saint Jean, ont reconnu le Christ à ce qui en lui leur était familier. Marie-Madeleine à la voix, les disciples d'Emmaüs à la fraction du pain, Jean au style même du miracle. Et aussitôt ils ont cru de tout l'élan de leur cœur.

Bien que les témoins du premier groupe soient les plus utiles à notre foi, à cause de notre esprit avide d'évidence et de l'infirmité de notre cœur, les chrétiens les plus parfaits furent ceux dont l'amour, du premier coup, ne s'égara pas. Entre tous ceux dont nous parle l'Evangile, c'est Marie-Madeleine qui eut l'attitude la plus exemplaire.

La raison en est parce que, de tous, c'est elle qui aimait le plus. Depuis le premier jour où ses péchés lui ont été pardonnés, tous les privilèges de Marie-Madeleine découlent de son amour. C'est parce qu'elle a beaucoup aimé que, non seulement sa vie de péchés lui fut pardonnée, mais qu'elle a eu la meilleure part à l'amitié du Christ, qu'elle a mérité de provoquer ses larmes au moment de la mort de Lazare, qu'elle a prophétisé la sépulture prochaine de son Bien-Aimé, qu'elle a été le premier témoin de sa Résurrection et qu'elle a reçu en dépôt la prophétie de son Ascension et la mission de l'annoncer aux Apôtres. Plus qu'aucun autre saint, hormis la Vierge Marie, elle a été associée au destin naturel et surnaturel du Christ.

59 — Il y a dans le livre de Job une parole d'un accent bien désespéré : « *Fuissem quasi non essem, de utero translatus ad tumulum.* » — « Je serais comme si je n'avais jamais été, transféré du sein maternel au tombeau. » Comme à tant de maximes de l'Ancien Testament, le Christ a donné à cette sentence une signification nouvelle : sortie de la Sagesse amère, elle devient message d'espérance et prophétie de gloire. C'est vrai, les deux termes d'une destinée humaine sont un sein maternel et un sépulcre. Le Christ n'a pas échappé à cette loi et d'une manière privilégiée il s'est associé deux femmes dans son destin à l'un et l'autre termes, et ces deux femmes s'appellent Marie. La Vierge Marie a accueilli le Verbe de Dieu dans ses entrailles maternelles. Marie-Madeleine est la sainte de sa sépulture. Mais leur mission à l'une et à l'autre est beaucoup plus vaste qu'un ministère biologique et corporel.

C'est que la semence miraculeusement jetée dans le sein de la Vierge Marie était beaucoup plus qu'un germe humain et le cadavre que Marie-Madeleine a tenu dans ses bras était beaucoup plus qu'un corps d'homme. Cette semence et ce cadavre appartenaient d'abord à l'éternité, en venaient et y devaient retourner. La tradition de l'Eglise a toujours comparé la naissance du Christ à sa Résurrection : elle en était le présage. Le Christ a quitté le sein maternel comme il devait quitter son tombeau, sans en briser les sceaux. L'Evangile ne parle pas de l'apparition du Christ ressuscité à sa mère, et il n'a pas besoin d'en parler. L'Evangile ne dit pas tout. Adhérant déjà au mystère de la naissance miraculeuse du Christ, dont elle avait été le ministre, la Vierge Marie adhérait à l'avance à tout le développement ultérieur de ce mystère, et en particulier à cette Résurrection dont cette naissance était la prophétie.

De même que le Verbe, Fils de Dieu, s'est fait très réellement homme dans de vraies entrailles maternelles, il est très réellement mort de mort humaine pour nos péchés, et il a été très réellement enseveli. Ce qu'on ensevelit d'ordinaire n'est plus une personne. Le cadavre du Christ, c'était lui encore. Comme l'Archange Gabriel avait annoncé l'Incarnation et la descente du Verbe dans le sein maternel, Marie-Madeleine, par l'onction du corps du Christ à Béthanie, a annoncé la sépulture du Christ et sa mise au tombeau. Elle a eu ensuite auprès du Christ ressuscité un rôle analogue à celui de la Vierge Marie auprès de l'Enfant Jésus. C'est elle qui la première l'a vu pour en parler. Et comme la Vierge Marie, tenant dans ses bras l'Enfant Jésus, avait reçu du vieillard Siméon la prophétie de la Passion, ainsi et dès après sa Résurrection, Marie-Madeleine reçoit du Christ lui-même la prophétie de sa prochaine Ascension et de notre ascension future avec lui.

60 — « *De utero translatus ad tumulum.* » Transféré du sein maternel au tombeau. Quand il s'agit du Christ, il faut étendre la signification d'une telle sentence de l'éternité à l'éternité. Dès avant l'Incarnation et de toute éternité, le Fils de Dieu, sa Parole et son Fruit, vivait dans le sein du Père, dans la simplicité spirituelle de la nature divine. Mais il y était inconnu du monde et des hommes. Dieu était séparé des hommes dans sa vie intime, comme un mort est séparé des hommes dans son tombeau. Dieu était pour les hommes comme s'il

était mort et les plus hauts sages de l'Antiquité avaient bien ressenti cette absence de Dieu. Cette absence, qui était comme une mort, puisqu'on n'y pouvait rien. On sentait bien que Dieu était là, mais muet, sourd, insensible et caché, enfoui sans qu'on puisse le trouver.

Dieu même s'est incarné dans le sein d'une Vierge qui nous l'a révélé. C'était comme une première résurrection de son absence cruelle. Dieu même désormais était parmi les vivants de ce monde et Il habitait parmi nous. Mais sous un autre aspect, cette Incarnation était déjà un ensevelissement, puisque Dieu avait voilé sa gloire. Il était donc allé en même temps du tombeau de son absence au monde, au sein de la Vierge Marie, qui le rendait présent au monde ; et aussi du sein de sa gloire au tombeau de son humiliation humaine et temporelle.

Et dans son aventure temporelle, le Fils de Dieu est allé du sein de la Vierge Marie au tombeau de Joseph d'Arimathie. Et ce tombeau était aussi un sein maternel, car il contenait le germe éternellement vivant de la Divinité. C'est aussi ce mystère d'espérance que Marie-Madeleine avait prophétisé par son onction du Christ à Béthanie. La Résurrection fut comme un enfantement.

Tout n'était pas terminé pour autant. Du tombeau de sa vie mortelle, le Christ devait retourner au sein du Père et habiter, avec son corps ressuscité, dans la gloire de son Père. *De tumulo translatus ad sinum Patris.* Du tombeau de Joseph d'Arimathie, il serait transporté au sein de son Père. Comme l'Archange Gabriel avait reçu mission d'annoncer l'Incarnation du Fils de Dieu dans le sein de la Vierge Marie, Marie-Madeleine reçut encore cette nouvelle mission d'annoncer le retour du Fils de l'Homme au sein du Père. Comme elle avait été prophète de la sépulture, elle fut prophète de l'Ascension. « Allez auprès de mes frères et dites-leur : je monte à mon Père et votre Père, à mon Dieu et votre Dieu. » Le terme normal de la sépulture du Christ, c'est son Ascension au sein du Père. C'est pourquoi Marie-Madeleine devait prophétiser l'une et l'autre. Notre destin normal est de suivre le Christ, chef de l'Humanité, de la Croix à la Gloire, de sa sépulture à son Ascension. Marie-Madeleine nous fait signe au seuil du Jardin éternel.

61 — Avec tous les autres témoins de sa Résurrection, y compris les disciples d'Emmaüs, le Christ revient sur le passé, fait appel aux prophéties qu'il a réalisées par sa Résurrection, fait toucher du doigt ses plaies et prouve, de toutes les manières possibles, la réalité et l'identité de son corps. « Ne fallait-il pas que le Christ souffrît tout cela, pour ainsi entrer dans sa Gloire ? » Et commençant par Moïse et tous les Prophètes, il leur expliquait les Ecritures qui le concernaient.

Avec Marie-Madeleine, il en va tout autrement. Le Christ ne lui parle ni du passé ni de sa Passion, il n'essaie pas de lui prouver la réalité de son corps et de sa Résurrection. Il prend avec elle sa voix d'intimité : « Marie. » Et il ne lui parle que de l'avenir et de son Ascension. Alors qu'il dira à Thomas : « Donnez votre main et touchez mon côté, mettez votre doigt dans les trous des plaies », au contraire il écarte de lui Marie-Madeleine : « Ne me touchez pas. » Il arrête net l'élan impétueux de sa Bien-Aimée. C'est là une preuve plus grande de la réalité de son corps que d'avoir commandé à Thomas de le toucher. Les femmes n'aiment pas les fantômes. Marie-Madeleine n'aurait pas eu un tel élan pour un esprit. C'était bien lui, en vérité, son vrai et unique Seigneur, en chair et en os. Par une délicatesse, plus grande encore envers elle qu'envers lui-même, le Christ lui dit doucement : « Ne me touchez pas. » Et il lui annonce son Ascension. Le Christ met un double délai à l'impatience de Marie-Madeleine, non seulement celui de son ascension à lui, mais encore celui de son ascension corporelle à elle, à la fin des temps, quand elle pourra de nouveau le *toucher*.

Son attitude à elle est admirable. Elle non plus ne regarde pas vers le passé. Phryné n'est plus dans le Jardin du rêve, elle est dans ce second Jardin dont le Christ est le jardinier. Elle est définitivement guérie de la nostalgie du Paradis perdu. Elle en est guérie par l'espérance du Paradis éternel.

Marie-Madeleine sait désormais que son corps ressuscitera et qu'il aura alors toute liberté, une liberté que nous sommes trop ténébreux ici-bas pour seulement imaginer. Elle sait qu'elle ressuscitera et que sa beauté alors sera incorruptible et absolument pure, le rayonnement sensible d'une gloire éternelle.

Dans ce jardin de Joseph d'Arimathie, éclairé par la paisible lumière du printemps, dans ce petit matin gris et bleu, rempli d'Anges et d'oiseaux, le Seigneur annonçait à Marie-Madeleine sa prochaine Ascension et du coup établissait la vie chrétienne ici-bas comme l'amoureuse préparation et l'amoureuse attente d'un mystérieux rendez-vous d'amour. En Marie-Madeleine, l'humanité reçoit l'engagement de fiançailles solennelles. Le jour de la résurrection générale à la fin du monde sera le jour des épousailles. L'humanité n'est plus la femme désobéissante, adultère, chassée du Paradis terrestre, elle n'est plus l'épouse répudiée. Le passé est à jamais aboli. L'humanité est une fiancée, promise au plus beau des enfants des hommes, qui l'attend au seuil d'un autre Paradis.

Là aussi Marie-Madeleine a poussé à l'extrême et précisé la prophétie de Jean-Baptiste, qui avait dit du Christ : « Il est l'Epoux. »

62 — C'est aux environs de Béthanie qu'eut lieu l'Ascension du Seigneur. Ce coin de terre où il avait goûté les joies humaines de l'amitié, où il avait prouvé sa Divinité par le plus grand miracle de sa vie publique, où il avait mêlé ses larmes à celles de Marie-Madeleine, où elle l'avait oint prophétiquement et pour la seconde fois, où il avait eu son agonie et reçu le baiser de Judas, ce coin de terre allait garder l'empreinte de ses derniers pas. Avant le rendez-vous du Paradis qu'il avait, à travers Marie-Madeleine, donné à toutes les générations, il avait donné à ses disciples rendez-vous une dernière fois près de Béthanie. Il y avait une petite foule pour le voir, l'entendre, le toucher, lui parler. Et cependant quelques-uns encore refusèrent de croire.

On lui posa une fois de plus la question, si profondément enracinée dans l'espérance temporelle du peuple juif : « Seigneur, est-ce maintenant que vous allez restaurer enfin le Royaume ? » Et lui, à ce moment encore, reste dans l'ambiguïté. Il ne renie pas sa prétention au Royaume d'Israël, bien qu'il soit évident que le mot n'a pas le même sens pour lui que pour ses interlocuteurs. « Il ne vous appartient pas, dit-il, de connaître l'époque ni le moment que le Père a gardés dans sa puissance. Mais vous recevrez la force de l'Esprit-Saint qui viendra sur vous. Et vous serez mes témoins à Jérusalem, dans toute la Judée et la Samarie et jusqu'aux frontières du monde. »

Le Christ, en disant ces paroles, les bénit, s'éleva doucement dans le ciel et un nuage le cacha à leur vue. Mais ils gardaient toujours les yeux levés et voici : deux inconnus, vêtus de blanc, étaient près d'eux et leur dirent : « Galiléens, pourquoi demeurez-vous là à regarder le ciel ? Ce même Jésus qui vous a été enlevé pour le ciel reviendra de la même manière que vous l'avez vu monter au ciel. »

Cette prophétie complète celle faite à Marie-Madeleine par le Christ. Avant que nous le rejoignions dans son Paradis, avec nos corps ressuscités, le Christ redescendra sur terre pour juger l'humanité. C'est à ce moment-là que son Royaume sera restauré. Et son règne n'aura pas de fin.

Le dernier acte de la vie terrestre du Christ a commencé à Béthanie par l'onction de Marie-Madeleine en vue de sa sépulture. Et il se termine à Béthanie par l'Ascension et par l'onction éternelle que le Christ reçoit de son Père comme Roi des Nations. Marie-Madeleine, Reine bien-aimée du Cantique, a fidèlement suivi son Seigneur dans toutes les principales étapes de ce dernier cheminement.

Marie-Madeleine assistait à l'Ascension. Elle était aussi dans le Cénacle avec la Mère de Dieu et les Apôtres au moment de la Pentecôte, quand l'Esprit descendit en ouragan et se posa sur eux sous forme de langues de feu. Alors les Apôtres parlèrent à la foule accourue au bruit, et il semblait qu'ils fussent ivres, tant les animait un enthousiasme, une Sagesse et une force qui n'étaient pas de ce monde.

Marie-Madeleine était là à la naissance de l'Eglise. Mais désormais on sort à son sujet des Livres Saints, pour entrer dans le vénérable domaine des traditions.

63 — Il y a dans le midi de la France, à l'orient du Rhône et à une courte distance de la Méditerranée, une montagne qui semble une table de pierre blanche et rose, dressée brusquement vers le ciel pour un holocauste. Au pied de cette montagne s'étend une forêt et, dans la montagne même, il y a une grotte.

Sous une prolifération de légendes le trésor significatif, la « racine » de la tradition magdaléenne, est que Marie-Madeleine est venue, quelques années après la mort et la Résurrection du Sauveur, en Provence et qu'elle y a achevé sa vie dans la pénitence et la contemplation, dans la grotte de cette montagne fameuse qu'on appelle aujourd'hui, en l'honneur de ce séjour, la Sainte-Baume.

Nous savons par les *Actes des Apôtres* que dès après l'Ascension du Seigneur et jusqu'à la ruine de Jérusalem, de violentes persécutions éclatèrent à plusieurs reprises en Palestine contre l'Eglise naissante des Chrétiens. Les Chrétiens étaient dispersés ou emprisonnés, flagellés, parfois tués. Le Diacre Etienne fut le premier martyr. En l'an 62, huit ans avant la ruine de Jérusalem, Jacques, « frère du Seigneur » et premier évêque de Jérusalem, fut précipité du haut de la Tour du Temple et achevé à coups de foulon. C'est au cours d'une de ces persécutions que la famille de Béthanie fut exilée, avec plusieurs Chrétiens liés à cette famille.

Cela s'accorde parfaitement avec ce que l'Evangile nous dit de cette famille de Béthanie. Tout le long de l'Evangile on a l'impression que cette famille était particulièrement haïe, à cause des liens intimes d'amitié qui l'unissaient au Christ ; — et en même temps qu'elle était préservée des dernières violences (bien qu'elle ait été positivement menacée après la résurrection de Lazare) par son rang dans la haute aristocratie juive et par ses puissantes relations dans tous les milieux. On a aussi l'impression d'une extrême prudence et d'une réserve qui entoure cette famille, si chère à Jésus.

Les Synoptiques en parlent à peine et évitent de la situer, ils en parlent presque conventionnellement et comme on parle de gens qui, sous un régime totalitaire, sont exposés à des représailles immédiates. Tandis que Jean, qui écrivait après la ruine de Jérusalem, ne se sent plus du tout tenu à la même prudence.

Marie-Madeleine vécut donc un certain temps en Palestine, après l'Ascension, peut-être assez longtemps. Peut-être, avant de quitter Jérusalem, eut-elle l'occasion d'entendre cet étrange prophète, fils d'un paysan et par une tragique rencontre nommé lui aussi Jésus, qui, pendant sept ans et malgré les sévices de toutes sortes dont on le frappait, ne cessait de crier nuit et jour à travers la Ville Sainte : « Voix de l'Orient ! Voix de l'Occident ! Voix des quatre vents ! Voix contre Jérusalem ! Voix contre le Temple ! Voix contre le peuple ! Malheur à Jérusalem ! » Alors elle pensait aux larmes du Christ sur la Cité de David.

Un jour donc les Juifs saisirent toute la famille de Béthanie et l'embarquèrent sur un bateau sans voiles ni gouvernail, au gré des vents et des flots. La main de Dieu mena miraculeusement l'embarcation jusqu'aux côtes de Provence dans les Gaules. Lazare fonda l'Eglise de Marseille, Maximin l'Eglise d'Aix, Marthe vécut sur les bords du Rhône et Marie-Madeleine acheva sa vie dans la solitude de la Sainte-Baume.

De la grotte, le paysage est admirable. C'est un des lieux les plus beaux du monde et, quand le soir descend sur la forêt et sur la plaine lointaine, la lumière est si douce, si sereine, si légère, qu'on dirait un autre monde, un Purgatoire d'où les âmes montent naturellement vers le ciel par une pesanteur renversée.

Il est dit que, sept fois le jour, les Anges, qui furent les compagnons fidèles de la Madeleine, la portaient au sommet de la montagne pour y prier. Au loin le soleil faisait flamber la mer et elle pouvait voir les îles d'Or baigner dans ce lac de lumière.

Au dernier jour de sa vie terrestre, elle descendit vers la plaine. Maximin vint à sa rencontre sur le chemin et lui donna le Corps du Christ dans l'Eucharistie. Il reçut le dernier soupir de la Bien-Aimée du Cantique. L'âme de Marie-Madeleine s'envola au Paradis de son Seigneur. Son corps attend sa résurrection glorieuse dans la crypte de l'église qui porte aujourd'hui le nom de Saint-Maximin.

FIN

*Winona (Minnesota),*
*Pâques-Noël 1951.*

# *Annexes*

# I

# UNE TÉNÉBREUSE AFFAIRE

## A. — Questions de méthode

Tout au début de son grand livre sur *Les Origines de la France contemporaine,* Taine définissait excellemment l'idéal des historiens de son époque. « J'ose déclarer ici que je n'ai point d'autre but ; on permettra à un historien d'*agir en naturaliste.* » Il semble que l'histoire ait pris les historiens au mot et que, pour ne pas déborder le champ de vue de nos naturalistes, l'humanité elle-même tende à se conformer aux mœurs des insectes et à se transformer en fourmilière. Taine était peut-être plus prophète qu'historien car, lorsqu'on l'applique au passé, le moindre portrait d'un homme ou d'une femme qui ont vécu leur vie réduit habituellement le cadre naturaliste en morceaux. Autre chose encore peut se passer. Un historien, dont la foi naturaliste est sans fléchissement, imposera coûte que coûte son cadre, et alors c'est le portrait lui-même qui sera volatilisé.

Voilà, je crois, ce qui s'est passé pour l'héroïne de l'Evangile que nous nommons communément Marie-Madeleine. C'est « la Femme coupée en morceaux » des exégètes modernes. Il faut dire à leur décharge que les dimensions du personnage étaient telles et leurs cadres à eux si étroits qu'ils devaient en arriver là s'ils voulaient la garder dans leurs bagages. Ils affirment même qu'elle n'a pas beaucoup souffert, qu'ils ont agi selon les plus doux procédés euthanasiques, qu'après tout elle est beaucoup plus maniable comme cela.

C'est ce qui m'a donné l'idée d'aborder l'histoire de Marie-Madeleine, non pas en naturaliste, mais en détective. J'ose déclarer que je n'ai pas d'autre but. On permettra à un homme, curieux de l'homme et soucieux de la vérité, d'agir dans cette histoire en détective.

Qu'est-ce que l'histoire dans sa nature propre, sinon la constatation d'un fait humain par le témoignage ? Pour la découverte et la constatation d'un fait humain, je prétends que le détective est mieux armé que le naturaliste, car il est plus libre, proportionné à l'inconnu, quel qu'il soit. La première loi de l'art du détective est de n'exclure à priori aucune hypothèse et de n'être surpris par rien. La découverte de la vérité est pour lui une aventure. Le naturaliste s'interdit l'aventure au départ et trace autour de lui le cercle magique dont il ne sortira pas. Il s'agit moins pour lui de découvrir la vérité que de vérifier des lois. Le détective sait que l'exceptionnel aussi existe et que le fait humain est toujours particulier.

Il y a en Amérique des écoles de détectives. Je me suis donc procuré à New York un manuel pour détectives. Il est intitulé *The Art of Detection,* par Jacob Fisher. A la première page, je lisais : « Une enquête détective est une recherche de la vérité par l'usage et le développement de bien des arts. Le détective suivra toutes les pistes qui lui sont ouvertes, en éliminant les possibilités qui obscurcissent la vérité qui ressort au centre de tous les faits mis en lumière par son application [1]. » C'était une bien belle tâche que je me proposais : découvrir, s'il était possible, la vérité au sujet de Marie-Madeleine, son caractère, son rôle, les principales péripéties de sa vie. En passant du plan naturaliste au plan du détective, ma recherche s'élargissait singulièrement, car ma méthode se haussait du point de vue restreint d'une prétendue « science des faits humains » à l'*art de la découverte des mêmes faits humains.* Elle en devenait plus universelle, plus loyale, plus ouverte,

1. *The Art of Detection,* by Jacob Fisher, New Brunswick, Rutgers University Press, 1948.

plus rigoureuse aussi je crois, bien que plus souple et plus personnelle. Non que l'art du détective fasse fi des méthodes scientifiques, il les utilise au contraire nécessairement et avec un profit certain. Il y a dans mon manuel un chapitre intitulé « Science in investigation ». Cette partie, qui consiste à établir scientifiquement des documents irrécusables, est d'une importance incalculable, souvent décisive. Mon manuel recommande au détective de s'en remettre aux experts pour cette partie strictement *naturaliste* de sa besogne. J'ai rigoureusement observé cet avis en ce qui concerne ma recherche sur Marie-Madeleine. Je m'en suis remis aux spécialistes de l'état des textes, de leur historicité et de leur authenticité. Je ne suis pas entré dans les querelles d'experts. Par exemple, et sans du tout négliger les autres témoignages sur l'époque et sur le milieu, je considère les quatre Evangiles comme des documents non seulement sincères mais véridiques, et qui rendent un témoignage exact non seulement de la foi des premiers Disciples, mais aussi des faits essentiels qui ont rempli la vie de Jésus et qui ont fondé d'ailleurs cette foi. Les quatre Evangiles sont donc pour moi le principal document et le principal témoignage sur mon sujet.

Mais c'est là que commençaient, avec ma tâche, mes difficultés. Pour tout dire, dans les Evangiles mêmes, la question Marie-Madeleine reste « une ténébreuse affaire », aussi difficile à éclaircir que n'importe quelle énigme policière. Ténébreuse affaire où, comme dans les romans policiers les plus classiques, l'identité même du personnage est la question principale. Le problème de base, qui gouverne tous les autres au sujet de Marie-Madeleine, est le problème de son identité. Est-elle d'une part la même femme que Marie (de Béthanie), sœur de Marthe et de Lazare, et d'autre part la même femme que la pécheresse de Galilée dont Luc est seul à raconter comment, pécheresse dans la Cité, elle a oint le Seigneur et fut pardonnée ? Ou bien devons-nous distinguer trois personnages différents : Marie-Madeleine, Marie (de Béthanie), la pécheresse de Galilée ?

Il n'est pas dit qu'un jour ou l'autre les documents ne tranchent pas le problème. Dans l'état présent de notre documentation, la question reste controversée. A l'intérieur même de l'Eglise, la discussion reste libre. La tradition grecque est plutôt pour la distinction. La tradition latine est plutôt pour l'identité. La liturgie romaine a pris le parti de l'identité. En revanche, dans l'époque moderne, les plus graves autorités en exégèse et les plus grands savants ont penché vers la distinction des personnages. Bossuet les résume tous, et jusqu'aux plus contemporains, quand il écrit : « Il est plus conforme à la lettre de l'Evangile de distinguer trois personnes [1]. »

Mon intention est de discuter en détail tous les problèmes qui ont été posés au sujet de Marie-Madeleine et peut-être d'en poser quelques autres. Je parais devant le public, comme un détective, au terme de son enquête, paraît devant un tribunal. Il expose du mieux qu'il peut les résultats de son enquête, amène ses preuves, fait part de ses certitudes ou de ses convictions et fait éventuellement ce qu'on appelle une « reconstitution ». Le texte même de la vie de Marie-Madeleine, qu'on vient de lire, est cette reconstitution. Il me reste à présenter les preuves à l'appui et à les discuter.

Mais quand je suis entré dans mon enquête, j'y suis entré l'esprit libre, sans parti pris d'avance, désireux seulement de découvrir une vérité objective, indépendante de mes goûts ou de mes préférences. C'est encore une des règles du détective : « Tandis que l'enthousiasme et l'initiative sont vertus cardinales dans une enquête, aucun détective ne doit entreprendre une enquête avec la pensée qu'il doit obtenir seulement un certain type de solution. Quand il en est ainsi, le détective est trop souvent incliné à infléchir et à fausser les faits en vue d'obtenir la solution

1. Cité par Lagrange, *Ev. de J.-C.*, p. 161.

désirée. Et alors il se trompe tragiquement, car un fait infléchi est comme une pièce de métal tordue, beaucoup plus faible qu'auparavant [1]. »

J'ai donc mis le pied dans les Evangiles comme si je les lisais pour la première fois, ainsi qu'un détective entre pour la première fois dans un appartement où un crime mystérieux vient d'être commis. A ce moment-là, où il ne sait encore rien, tout est pour lui sur le même plan d'extrême importance. Il n'y a pas de détail. Le moindre objet peut être la clef du mystère. Un mégot de cigarette et de telle marque de cigarettes, un verre où il reste une goutte de liqueur et de telle liqueur, un livre qui devrait être à sa place dans la bibliothèque et qui n'y est pas, un tiroir ouvert, ou fermé, ou fracturé, vide, ou plein, une chaise renversée, le chapeau d'un inconnu dans l'antichambre, le téléphone décroché, une trace sur un meuble, une fenêtre mal refermée, enfin tout est indice, piste, tout peut devenir révélation.

Du moment que j'entrais dans les textes avec cette précaution soupçonneuse et cet œil minutieux, l'Evangile s'est mis à fourmiller d'indications et, je dois le dire, à peu près toutes dans le même sens. Ayant poursuivi toutes les pistes aussi loin qu'il m'était possible, ayant relevé exactement tous les indices, ayant ainsi réduit au minimum la surface d'inconnu occupée par mon sujet, je me suis dit que la vérité était au centre de cette zone d'inconnu, au lieu géométrique où se rejoignaient toutes mes pistes. C'est dire que je ne me suis pas interdit l'hypothèse. Et au nom de quoi l'interdirait-on ?

On connaît le rôle qu'a dans les science « l'hypothèse de travail ». Dans le domaine strictement scientifique, l'hypothèse peut toujours être vérifiée par l'expérience. Le témoignage et le document jouant en histoire le rôle que joue dans les sciences physiques l'expérimentation, il arrive que la vérification de l'hypothèse ne puisse pas se faire, parce

1. Fisher, *Détection*, p. 25.

que le témoignage adéquat manque. On reste encore historien et historien honnête en proposant l'hypothèse la plus rigoureuse qui, en même temps, s'ajuste parfaitement à ce qui est connu et suggère le mieux ce qui est incertain. Quand il s'agit des Evangiles, c'est-à-dire de textes, *la première loi de l'hypothèse historique sera donc d'être commandée par les textes et non pas que l'hypothèse commande aux textes.*

Encore faudra-t-il que les termes mêmes de l'hypothèse et leur position soient en conformité avec le sujet de l'histoire. C'est ce que je disais au début quand je parlais de l'historien « naturaliste ». En ce qui concerne l'Evangile, on peut être sûr que l'aborder en « naturaliste » et de la manière dont on aborde l'étude des insectes, c'est partir avec un préjugé absurde et imposer aux textes une hypothèse qui les violente, car c'est décider à l'avance que tout ce qui dépassera la conception naturaliste de l'homme et de l'univers devra être retranché comme nul. La notion même de Dieu, ses interventions possibles dans le destin de l'homme et la possibilité même d'une vocation de l'homme à un ordre surnaturel étant par définition au-dessus de la conception naturaliste, le « naturaliste » perd pied définitevement dans l'Evangile au premier pas qu'il y hasarde. Cette histoire est au-dessus de lui et de ses moyens. C'est pourquoi je crois que la foi chrétienne et l'enseignement de l'Eglise sont, non pas une entrave, mais un secours nécessaire pour bien comprendre les Evangiles, comme un bateau pour traverser l'océan.

De même que nous n'avons absolument aucun droit d'imposer au texte évangélique une vue de l'homme rétrécie aux dimensions naturalistes, nous n'avons pas davantage le droit de lui imposer une conception très moderne d'écrire l'histoire. Si les Evangélistes avaient été des journalistes frais émoulus de Columbia University, l'exégèse serait peut-être plus facile, du moins en apparence. Quand Jean nous apprend la mort de Lazare, il ne manquerait pas de nous dire l'âge du défunt, l'état de sa fortune, le lieu de sa naissance, les écoles où il est passé ou les maîtres qu'il a eus, les étapes de sa carrière, la superficie et l'emplacement de ses domaines, ses titres et ses décorations. On saurait aussi de qui il est le fils et très exactement la situation et l'identité de tous les membres de sa famille. Jean se contente de nous dire qu'il avait deux sœurs, une certaine Marthe et une certaine Marie, et que Jésus aimait et Lazare et Marthe et Marie. Les Evangélistes ne sont pas des journalistes.

Non seulement l'Evangile ne dit pas tout, mais dans certains cas il en dit le moins possible et de la manière la plus vague possible. Dans le détail des notes suivantes, nous verrons que c'est le cas dans le sujet qui nous occupe. On a l'impression d'une véritable conspiration des Evangélistes pour laisser certaines choses dans l'ombre. Ils n'en étaient pas moins honnêtes comme historiens, car tous ces détails qui nous intéressent tellement et qu'ils ont tus ou dits seulement à mots couverts, ils ne jugeaient pas qu'ils fussent absolument essentiels à leur témoignage, qui porte d'abord sur la personne même du Christ et sur sa vie. Mais quand nous voulons découvrir la vérité de ces détails, il faut tenir compte de cette espèce de « conspiration ». Et c'est encore là œuvre de détective.

Nous nous trouvons donc devant l'Evangile, et d'une manière générale en face de documents historiques, comme un amateur de puzzle se trouve quand il a dans les mains, par exemple, cent cinquante pièces seulement d'un puzzle très subtil et nuancé qui originairement devrait en compter un millier. Que faire ? Ou bien, sous prétexte de ne pas sortir des éléments donnés, faire comme si l'on avait tous les éléments du puzzle et forcer ces éléments existants à s'adapter les uns aux autres dans un dessin resserré et l'espace étroit d'un puzzle de cent cinquante éléments. On peut être sûr que les liaisons se feront mal et que le tableau d'ensemble sera assez défiguré. Chaque élément sera respecté matériellement mais perdra sa meilleure signification parce qu'il n'aura plus sa vraie proportion à l'ensemble.

Ou bien partir du principe qu'il nous manque non pas forcément les principales pièces, mais les plus nombreuses pièces du puzzle et commencer par sauvegarder les proportions d'un vaste ensemble de mille pièces. Donc, à partir des éléments que nous avons dans les mains, recomposer les proportions exactes de l'ensemble, garder les distances, sauver les trous et sur ce qui manque essayer de faire les liaisons par hypothèses rigoureuses qui restituent à tous et à chacun des éléments existants leur pleine signification.

C'est cette dernière méthode que j'ai suivie pour cette vie de Marie-Madeleine. Je demande qu'elle soit jugée sur ses résultats, c'est-à-dire qu'on me dise si oui ou non les éléments existants et indiscutables du problème sont parfaitement respectés et mis en valeur dans mon ensemble. Pour autant qu'il y a une part d'hypothèse, il y a une part d'art, je le reconnais. C'est ce qui m'a convaincu aussi en faveur de la méthode détective qui s'intitule modestement *The Art of Detection*, et qui parvient chaque jour à des découvertes de faits humains aussi incontestables que ceux mis au jour par les meilleurs historiens. D'ailleurs les meilleurs des historiens sont des détectives et, qu'ils l'avouent ou non, il y a une part d'art dans leurs découvertes. Je sais parfaitement qu'on peut aboutir à des certitudes indiscutables sur le passé, l'existence de Napoléon par exemple ou celle de l'Empire romain. Mais la véritable histoire ne finit pas là, c'est là au contraire qu'elle doit commencer. Ce qu'elle veut savoir, c'est le pourquoi et le comment. Les faits certains ne sont là que comme une matière qu'il faut expliquer, formuler, interpréter : à partir de cette matière qui s'impose, je dis que l'histoire est l'art de faire sur le passé des hypothèses rigoureuses. L'histoire n'a pas la vérité d'une photographie, mais celle d'un portrait.

Je dis donc que dans une situation comme celle-ci, où les documents explicites laissent une marge d'inconnu ou d'incertitude, il convient d'abord de nous garder d'imposer à l'Evangile nos idées toutes faites et du XX^e^ siècle. Il convient ensuite de définir les mots, non dans le sens qu'ils ont maintenant, mais dans le sens qu'ils avaient à l'époque. Connaissant cette époque autant qu'on peut la connaître et à partir des textes évangéliques, je dis enfin qu'il nous est permis, c'est d'une méthode rigoureuse, de faire une hypothèse historique. Ayant fait cette hypothèse, il nous restera à savoir si elle respecte ou non sa matière, c'est-à-dire si elle rend compte des textes ou si, au contraire, elle les heurte. Si notre hypothèse s'accommode parfaitement aux textes, dans l'ensemble et dans le détail, elle restera une hypothèse dans une matière où il est sans doute impossible de parvenir à la démonstration, mais elle aura acquis une telle probabilité, allant peut-être jusqu'à la certitude morale, qu'elle imposera au moins l'attention et le respect et que, pour avoir le droit de l'écarter, il faudrait proposer une hypothèse plus stricte qu'elle. Un tel résultat serait déjà beaucoup.

Je voudrais terminer cet essai méthodologique en citant les principaux passages du dernier chapitre de mon manuel du détective[1]. « Une enquête convenablement conduite comporte le concours de toutes les sciences, de tous les arts et de toutes les activités, afin que la totalité des connaissances humaines intéressées soit au service et à l'usage du détective.

» C'est la fonction d'un détective de fournir des données évidentes qui dissipent les ténèbres de l'inconnu. Plus l'enquête est complète, plus on fait la lumière et plus nombreuses sont les réponses fournies aux questions soulevées.

» Le détective doit se souvenir que les actes d'omission peuvent être aussi efficaces que les actes positifs dans la détermination des questions débattues. Des actes d'omission, quand une information utile n'est pas obtenue ou qu'une information douteuse est retenue sans être vérifiée, se traduisent en procès manqués et en jugements erronés.

» Une enquête incomplète est une enquête erronée, parce qu'une conclusion appuyée sur des faits inadéquats est

1. *The Art of Investigation*, pp. **234** sq.

basée sur des sables mouvants. Aucun détective ne doit jamais prendre sur lui de conclure qu'un problème est insoluble avant d'avoir épuisé toutes les pistes et les ressources connues à la science de l'investigation. Le plus souvent, et si cette tactique est appliquée, on trouvera la réponse à l'énigme donnée. Quand un détective donne sa langue au chat et admet sa défaite, la raison n'en est pas toujours sa paresse possible et son incapacité. Il y a peut-être un risque caché que le détective ait formé sa conclusion après avoir épuisé les seules pistes d'investigation dont il a connaissance. Il est évidemment de bonne foi dans sa croyance qu'il n'y a plus rien à faire.

» Ce risque doit être écarté par tout détective qui veut agir avec le maximum d'efficacité. Le détective doit se familiariser avec toutes les méthodes et les procédés applicables sur son terrain particulier. Si auprès d'aucune autorité il ne peut trouver aucune suggestion pour ajouter encore une nouvelle recherche, le détective doit relever le gant, tendre à l'extrême le ressort de ses facultés, créer ses propres innovations pour affronter une situation donnée.

» De nouvelles méthodes d'investigation sont développées chaque jour, en rapport avec les exigences d'une situation particulière, et aucun détective ne doit jamais hésiter à poser des précédents. En dernière analyse, il est de loin meilleur de s'attaquer à des solutions difficiles, même si les chances d'erreur existent évidemment, plutôt que de chercher refuge dans la maxime invertébrée qu'en ne faisant rien on ne fait rien de mal.

» Le détective finira par découvrir qu'il n'y a pas de restriction dans la forme d'une méthode ou d'un procédé utilisé pour atteindre un but particulier. Le type de n'importe quelle suggestion ou de n'importe quel plan doit être modelé de manière à cerner le contour des faits qui se déroulent en telle occasion. Adaptabilité et élasticité, qui naissent de l'originalité et de l'imagination, doivent s'exercer dans n'importe quel plan précis d'enquête.

» Tandis que tout détective doit s'efforcer d'agir selon un

plan clairement défini, en s'efforçant de découvrir une nouvelle évidence qui s'apparente aux solutions déjà connues, il ne doit pas se hâter de rejeter arbitrairement et comme sans valeur une évidence qui, pour le moment, n'est pas directement reliée à son propos. La véritable importance d'un témoignage et l'évidence concrète ne peuvent être appréciées pleinement ni évaluées avant le jugement ultime des questions de faits produites. Pour cette raison, plus il y a de faits certains, plus il y a d'évidence obtenue, meilleure est la chance finale d'ajuster les pièces éparpillées du puzzle en une image complète, cohérente et intelligible de la scène qu'on cherchait en effet à reconstituer.

» ... Le résultat normal de l'enquête est la vérité, sur laquelle les fondations de la justice sont basées. Le détective est un disciple de la vérité, et son Credo, dans le langage de Robert Herrick, doit être : "Vise au but et jamais ne te tiens au doute ; rien n'est si dur que la recherche ne vienne à bout de le découvrir." »

Tous ces principes me paraissent singulièrement féconds, si on les applique à la recherche historique. Ici comme là, il s'agit de la découverte du fait humain. Ce qui me frappe le plus, c'est de voir à quel point on recommande au détective de s'armer de toutes les disciplines et de n'en écarter aucune qui intéresserait son sujet. C'est pourquoi, on l'a vu, il m'est arrivé de faire appel à ma théologie pour sonder le secret de mes héros. C'est une hérésie capitale du point de vue du dogme naturaliste. Mais c'est d'une saine méthode détective dans le sujet donné. Et quant à la vérité, je ne pouvais pas négliger, sons omission coupable, ce moyen de l'approcher en toute révérence.

## B. — Questions d'exégèse

J'ai dit que dans cette « ténébreuse affaire », l'Evangile fourmillait d'indices révélateurs. Avant de les relever un à un au cours des notes suivantes, je crois utile de faire un premier déblaiement d'exégèse autour des principaux textes qui gouvernent cette question.

Luc (VII, 36 sq. ; cf. note 17) est seul à raconter la célèbre scène chez Simon le Pharisien où une « pécheresse dans la Cité » vient oindre de parfum les pieds de Jésus et reçoit le pardon de ses péchés, « parce qu'elle a beaucoup aimé ». Il ne nomme pas l'héroïne : il dit simplement « une femme ». Cette scène se place très évidemment au début du ministère en Galilée.

Matthieu (XXVI, 6 sq.), Marc (XIV, 3 sq.) et Jean (XII, 1 sq.) racontent une autre scène d'onction de Jésus par une femme, chez un autre Simon, surnommé le Lépreux. La scène se passe à Béthanie en Judée, près de Jérusalem, quelques jours avant la Passion, et l'onction a le sens d'un présage de la prochaine sépulture du Christ. Matthieu et Marc ne nomment pas la femme. Comme Luc la première fois, ils disent simplement « une femme », mais sans autre précision. Jean au contraire nomme la femme. C'est Marie (de Béthanie), la sœur de Marthe et de Lazare, que Jésus a ressuscité. (Cf. notes 30 et sq.)

Plusieurs questions : pourquoi Luc est-il seul à raconter la première onction et ne dit-il rien de la seconde ? Pourquoi Matthieu, Marc et Jean ne racontent-ils que la seconde onction ? Pourquoi Luc, Matthieu ni Marc ne nomment-ils l'héroïne, alors que Jean nomme l'héroïne de la seconde onction et la situe parfaitement ? Pourquoi Luc, Matthieu ni Marc ne parlent-ils de Lazare et Jean est-il seul à en parler, à le nommer même ? Luc pourtant connaît parfaitement Marthe et Marie, comme sœurs (X, 38 sq.), mais il évite de dire qu'elles sont de Béthanie et ne prononce pas le nom de Lazare. Quand il nomme Marie, il ne fait aucune allusion à la première onction : il semble que la myrrophore de Galilée soit une autre femme.

Dans la même « ténébreuse affaire », il y a une autre Marie, et c'est Marie-Madeleine, présentée solennellement par Luc (VIII, 2) avec plusieurs autres dames de Galilée qui suivaient Jésus. Cette Marie est surnommée Madeleine parce qu'elle est de Magdala, en Galilée (cf. notes 21 et 46). Cette Marie-Madeleine, solennellement présentée par Luc, ne reparaît sous ce nom, dans les quatre Evangiles cette fois, qu'au moment de la Passion et de la Résurrection du Seigneur.

En face de ces textes plus ou moins réticents, deux opinions : l'une selon laquelle il y aurait trois femmes différentes, la pécheresse de Galilée, myrrophore de la première onction dont le nom nous est inconnu ; la seconde Marie-Madeleine ; la troisième Marie (de Béthanie), myrrophore de la seconde onction, sœur de Marthe et de Lazare. La seconde opinion identifie les trois femmes.

A vue de nez, il semblerait que la première opinion soit seule sage et conforme à la discrétion des textes. Après tout, nous ne pouvons pas leur faire dire ce qu'ils ne disent pas. Attention, c'est le moment de déployer toutes nos qualités détectives.

Il existe d'abord un texte capital et auquel on n'attachera jamais assez d'importance et qui tombe en plein sur notre sujet. Il s'agit de Jean XI, 1-2. « Or, il était un malade, Lazare de Béthanie, du village de Marthe et de *Marie, sa sœur. C'était Marie, celle qui oignit d'huile parfumée le*

*Seigneur et lui essuya les pieds avec ses cheveux,* dont le frère Lazare était malade. » A quelle onction se rapporte cette allusion si nette de Jean ? A la première racontée par Luc seul, ou à la seconde racontée par Matthieu et Marc (pas par Luc), et que Jean lui-même s'apprête à raconter au chapitre suivant ? De la réponse à cette question dépend presque entièrement la solution de notre « ténébreuse affaire ». Saint Augustin, après Origène sans doute (cf. article suivant), répond que ce verset de Jean s'applique à la première onction de Galilée par la pécheresse dans la Cité : s'il a raison, il faut en conclure que Marie (de Béthanie), sœur de Marthe et de Lazare, est la même femme que cette pécheresse de Galilée et qu'il n'y a qu'une myrrophore dans l'une et l'autre onctions. L'identité avec Marie de Magdala est une autre question. Mais un autre courant de la tradition, repris avec beaucoup d'éclat par les exégètes modernes et le Père Lagrange en particulier, applique ce verset à la seconde onction qui était déjà passée dans le temps et déjà connue (par Matthieu et Marc) au moment où Jean écrivait. En ce cas, il y a deux onctions et deux myrrophores différentes, et Marie de Béthanie n'est pas la pécheresse de Galilée. De cette dernière, nous ne savons pas le nom. Or, du strict point de vue exégétique, cette dernière opinion me paraît tout à fait insoutenable, parce qu'elle va à la fois contre les lois de la grammaire et contre les lois de l'art d'écrire.

1. — *Contre les lois de la grammaire.* Si ce verset désigne la seconde onction qui ne se produira qu'après ce que Jean est en train de raconter et qu'il ne racontera lui-même qu'au chapitre suivant, ce n'est pas un participe passé (passé simple) qu'il faudrait, mais un participe futur. Jean aurait dû dire : « Marie était celle qui devait, qui allait oindre le Seigneur. » On me dira que Jean ne parlait pas très bien le grec et qu'il a pu confondre, pour une action qui était de toute manière passée, et connue comme telle, au moment où il écrivait. Mais outre qu'il n'est pas besoin de connaître beaucoup une langue pour éviter la confusion

entre un participe passé et un participe futur, on ne relève dans toute l'œuvre de Jean aucune de ces confusions de temps ; bien plus, le Père Lagrange indique lui-même que Jean sait très bien parler de l'avenir (*Commentaire sur Jean,* XI, 2), et il cite lui-même pour illustrer cette parfaite habileté qu'a Jean de désigner un fait à venir : VI, 71 ; VII, 39 ; XI, 51 ; XII, 4-33 ; XVIII, 32. Prenons un seul de ces cas et qui serait absolument parallèle comme situation si l'hypothèse du Père Lagrange était consistante. C'est au chapitre suivant (XII, 4) : « Judas Iscariote, l'un de ses disciples, *celui qui allait le livrer.* » La trahison n'est pas encore accomplie au moment où se passe ce que Jean raconte. Et au chapitre suivant (XIII), Jean raconte en détail la trahison. Il est invraisemblable que dans deux situations chronologiquement identiques et à un chapitre de distance, Jean n'ait pas employé la même tournure grammaticale pour désigner le même rapport de temps. Le Père Lagrange est lui-même tellement gêné par sa propre explication qu'il arrive à supposer des gloses. Alors nous entrons dans le domaine de la fantaisie et il vaudrait mieux donner sa langue au chat. Je préfère m'en tenir au texte de Jean tel qu'il sonne. Le participe passé dans ce texte désigne très évidemment une onction passée, différente de celle que Jean va raconter. Cette onction passée ne peut être que celle déjà racontée par Luc. D'où nous pouvons conclure d'une manière certaine : 1° qu'il y a eu deux onctions, puisque Jean en rappelle une déjà passée et qu'il va en raconter une seconde, et 2° que c'est Marie (de Béthanie) qui fut la myrrophore de la première onction comme elle va être la myrrophore de l'onction que Jean va raconter au chapitre suivant.

Nous avons donc non seulement le droit, mais le devoir, de prendre la construction grammaticale de Jean, telle qu'elle est, et de l'interpréter dans son sens obvie. D'autant plus qu'une telle construction grammaticale est fréquente chez Jean pour faire des retours en arrière. J'ai recherché dans Jean quelques sentences au passé qui ont quelque analogie grammaticale avec XI, 2. Je n'en ai trouvé aucune qui fasse allusion à un fait que Jean se disposait à raconter plus tard. Toutes se rapportent à un fait déjà passé et antécédent dans le récit même. Voici toutes ces sentences :

IV, 8 : Survient une femme de la Samarie, pour puiser de l'eau. Jésus lui dit : « Donne-moi à boire. » *Car ses disciples s'en étaient allés à la ville pour acheter des vivres.*

IV, 46 : Il vint de nouveau à Cana de Galilée, *où il avait changé l'eau en vin.*

VII, 50 : Nicodème, *qui était venu naguère auprès de lui,* leur dit :

IX, 14 : On l'amène aux Pharisiens, celui qui avait été aveugle. *Or c'était un sabbat ce jour où Jésus avait fait cette boue et lui avait ouvert les yeux.*

XI, 2 : Or il était un malade, Lazare de Béthanie, du village de Marie et de Marthe sa sœur. *C'était Marie, celle qui oignit d'huile parfumée le Seigneur et lui essuya les pieds avec ses cheveux,* dont le frère Lazare était malade.

XII, 1 : Jésus vint donc, six jours avant la Pâque, à Béthanie, où était Lazare, *que Jésus avait ressuscité d'entre les morts.*

XIII, 2 : Ayant ainsi parlé, Jésus sortit avec ses disciples et se rendit au-delà du torrent de Cédron, où il y avait un jardin, dans lequel il entra, lui et ses disciples. Or Judas qui le trahissait connaissait aussi l'endroit, parce que *souvent Jésus s'y était trouvé en compagnie de ses disciples.*

XVIII, 14 : Et ils l'emmenèrent d'abord chez Anne ; car il était beau-père de Caïphe, qui était Grand Prêtre cette année-là. *Or c'était Caïphe qui avait donné aux Juifs ce conseil :* Il est de notre intérêt qu'un seul homme meure pour le peuple.

XVIII, 26 : Un des serviteurs du Grand Prêtre, *parent de celui dont Pierre avait coupé l'oreille,* dit...

XIX, 39 : Nicodème vint aussi, *celui qui tout au début était venu auprès de lui pendant la nuit,* apportant un mélange de myrrhe et d'aloès...

Pour la facilité du lecteur, j'ai laissé toutes ces phrases

en français et dans la traduction Lagrange. Même en français, leur ensemble me paraît convaincant, bien que la concordance des temps soit encore plus frappante en grec dans la plupart des cas. Il est évident que c'est un procédé habituel de Jean d'introduire une parenthèse qui situe exactement un personnage dans une action passée et déjà connue. XI, 2 s'insère parfaitement dans cet ensemble et sans heurt. La seule différence est que l'action passée a habituellement (pas toujours) déjà été racontée par Jean lui-même. Mais un des premiers points de la critique johannique est d'admettre comme un fait incontestable que Jean connaissait les Synoptiques, les supposait connus, les complétait ou précisait les points justement où leur lecture laisse de l'obscurité. C'est excellemment notre cas.

Il est non moins vrai que Jean a un sens aigu de la chronologie, de la situation des faits dans le temps. Je ne crois pas qu'on puisse relever une seule négligence ou confusion de sa part sur la concordance des temps. Si l'interprétation Lagrange était la vraie, XI, 2 serait le seul cas d'irrégularité sur ce point capital dans Jean. Ce n'est tout de même pas de bonne méthode exégétique de faire une seule exception et aussi grave en faveur d'un verset controversé. Je préfère pour ma part me tenir à la lettre. D'autant que si l'on ne s'y tient pas, dans ce verset en particulier, on tombe dans une difficulté bien plus grave encore.

2. — *Contre les lois de l'art d'écrire.* Quand je parle de l'art d'écrire, je ne parle pas des raffinements musicaux de la littérature, je parle de la fonction première de l'expression qui est la signification. Si XI, 2 se rapporte à la seconde onction, c'est un verset complètement inutile et dépourvu de toute signification. Je ne demande pas mieux que de faire confiance aux exégètes, mais le Père Lagrange lui-même eût refusé qu'on lui fît confiance les yeux fermés. Il expliquait et voulait convaincre. Je crois avoir lu et relu bien des fois tout ce qu'il a écrit sur cette controverse et je ne suis pas convaincu. J'attends encore qu'un exégète me démontre que le participe passé de Jean dans XI, 2 équi-

vaut à un futur. Au cas même où l'on démontrerait cela, ce que je crois impossible, j'attendrais encore autre chose. Si Jean XI, 2 se rapporte à Jean XII (la seconde onction) ou à Matthieu et à Marc parallèles et absolument pas à Luc VII (la première onction), je voudrais qu'on me dise l'utilité de Jean XI, 2, la valeur ouvrière de ce verset, sa portée et sa consistance de signification. Qu'on supprime complètement ce verset et nous saurons non seulement aussi bien, mais infiniment mieux, que Marie (de Béthanie) est l'actrice de la seconde onction et de celle-là seulement. Ce verset ne sert qu'à embrouiller une question parfaitement claire sans lui. Tout le contexte prouve sans confusion possible que c'est Marie (de Béthanie) qui a fait la seconde onction. Alors à quoi bon la désigner dans une phrase grammaticalement incorrecte comme l'héroïne de cette seconde onction ? C'est non seulement une vaine redondance, mais un grave obscurcissement du contexte : on avouera que ce n'était sûrement pas le but que se proposait l'écrivain. Mais au contraire le caractère de surcharge et la maladresse même de cette surcharge (mais non pas l'incorrection grammaticale) nous avertissent que ce verset nous livre une précision importante et sur le personnage et sur une date, que l'écrivain n'a pas voulu omettre, d'autant plus qu'il est extrêmement coutumier de ce genre de surcharges et de parenthèses. Cette précision se volatilise dans l'hypothèse de la dualité des myrrophores.

Pour ma part, l'argument du point de vue grammatical et l'argument du point de vue de l'art et de la fonction d'écrire sont l'un et l'autre absolument décisifs ; ils seraient irréfutables séparément et l'un sans l'autre. Ce ne sont pas deux chaînons successifs, mais un double chaînon qui s'ajoute à la chaîne à un point réputé le plus vulnérable : l'identité de Marie (de Béthanie) avec la pécheresse de Galilée (Luc). Je vois dans Jean XI, 2 la preuve exégétique :

1° qu'il y a eu dans la vie du Christ deux onctions : une passée désignée par le participe passé et une seconde qui va être racontée au chapitre suivant ;

2° qu'il n'y a eu dans l'une et l'autre onctions qu'une seule myrrophore, nommée par Jean : Marie (de Béthanie), sœur de Marthe et de Lazare.

Et je ne comprends pas encore comment le Père Lagrange, qui a très bien discerné la nécessité de placer deux onctions, une en Galilée au début du ministère, l'autre à Béthanie à la veille de la Passion, a consenti à se priver si légèrement du seul texte des quatre Evangiles qui, lorsqu'on le prend dans son sens obvie, prouve en effet qu'il y a eu deux onctions. Et ce texte capital prouve en même temps l'unité de la myrrophore dans les deux cas, et c'est sans doute cela que le Père Lagrange ne voulait accepter à aucun prix. Pourquoi ? A ma connaissance, il ne s'en est expliqué très clairement nulle part. Je crains qu'il ait été, comme saint Jean Chrysostome, victime d'un parti pris un peu puritain et que ce qui le gênait, c'est qu'une pécheresse publique ait pu devenir l'amie préférée du Christ. C'est ce parti pris qui a commandé à l'exégète. Il faut conclure que dans ce cas et pour le Père Lagrange, c'est l'hypothèse qui a commandé au texte, et non pas le texte à l'hypothèse.

Mais cependant l'autorité du Père Lagrange est telle qu'on n'accumulera jamais assez de preuves contre lui. C'est la vraie manière de garder à sa mémoire la révérence qui lui est due. Quand l'interprétation d'un texte particulier est en discussion, il est de bonne et solide exégèse de l'expliquer par les principes généraux qui gouvernent l'exégèse de l'écrivain en question. Le Père Lagrange expose admirablement ces principes généraux d'explication pour l'Evangile de Jean : *Commentaire sur Jean,* p. LXXVII.

« Nous sommes donc toujours en présence de la même alternative : Jean veut être et ne veut pas être un historien. Il choisit des faits peu nombreux, mais il insiste sur la solidité de son témoignage, ce qui est d'un historien consciencieux. Et cependant il en laisse de côté un si grand nombre qu'on le dirait très peu soucieux de faire connaître la vie de son héros. Cela est même poussé à un tel point qu'on ne peut lui prêter le dessein d'avoir dit le nécessaire pour en tracer le cours ; et comme certains faits, tus délibérément, avaient éminemment le caractère doctrinal et en même temps lui tenaient à cœur, *nous devons conclure qu'il supposait à son public la connaissance des faits, telle qu'elle résultait des Evangiles synoptiques.* Cette induction, très nette et conforme à la tradition, est confirmée par ceci que *bien des points demeureraient obscurs, que certains personnages seraient mal présentés, si les lecteurs n'étaient censés au courant.* Ils pouvaient l'être par la tradition générale : quel chrétien ignorait le nom de Marie, Mère de Jésus ? Mais un ouvrage écrit dans un certain genre doit inévitablement tenir compte des ouvrages antérieurs appartenant au même genre. Le choix des éléments dans Jean s'explique par son but propre, mais qu'il ait retenu si peu, cela s'explique au mieux parce qu'*il était dispensé d'une partie de sa tâche déjà remplie par ses prédécesseurs.* »

Jean comptait donc sur la connaissance que ses lecteurs avaient des Synoptiques. Il savait par exemple que l'on connaissait l'onction de la pécheresse racontée par Luc. Il pouvait juger que dans le récit de Luc *bien des points demeuraient obscurs* et que *l'héroïne était insuffisamment présentée.* Il était dispensé de raconter la scène, mais non de la préciser. D'une manière plus particulière, qu'est-ce que Jean ajoute aux Synoptiques ? car c'est bien notre problème. Le Père Lagrange répond d'une manière non moins décisive : « Ce qu'il ajoute a bien pour but de *donner aux faits une nuance plus précise, spécialement dans l'ordre chronologique et quant à la personnalité des acteurs :* c'était bien ce qu'on pouvait attendre d'un témoin oculaire et soucieux de bâtir sur une base solide. » (P. LXXX.)

Vraiment, quand il ne s'agit pas de Marie-Madeleine, ce Père Lagrange parle d'or, et à la lumière de ces principes, comme Jean XI, 2 s'éclaire tout à coup d'une lumière sereine, qui est celle même de l'évidence. Bien sûr que cette maladroite surcharge, cette parenthèse, a pour seul but de donner au fait de la première onction *une nuance plus précise, spécialement dans l'ordre chronologique et quant à la personnalité de l'actrice.* C'est même la seule fonction de cette surcharge, elle n'en saurait avoir d'autre.

*L'ordre chronologique :* par le participe passé. Je vous avertis, il y a eu une première onction, déjà racontée par Luc, et par conséquent différente de celle que je m'apprête à raconter au chapitre suivant parce qu'elle n'est arrivée qu'après ce que je suis en train de vous raconter maintenant. Et à ce moment-là je préciserai en même temps Matthieu et Marc qui racontent bien cette seconde onction, mais qui n'attachent pas la même importance que moi aux questions de dates.

*La personnalité des acteurs :* C'est Marie de Béthanie, qui va faire la seconde onction (ce que Matthieu ni Marc ne disaient) et qui a déjà fait la première onction, ce que Luc ne disait pas non plus.

Nous pouvons donc conclure cette discussion autour de Jean XI, 2 en disant que, bien loin d'être une redondance et une phrase sans utilité ni signification et en plus grammaticalement inexacte quant à la concordance des temps, comme l'opinion du Père Lagrange forcerait de l'admettre, ce verset est au contraire, et d'après les principes exégétiques du même Père Lagrange, un verset tout ce qu'il y a de plus typiquement johannique, très typique de la méthode historique de Jean par rapport aux Synoptiques. Il apporte dans cette « ténébreuse affaire » une lumière décisive et sur le plan chronologique et quant à la personnalité des acteurs : deux onctions, une seule myrrophore. C'était bien ce qu'on pouvait attendre d'un témoin oculaire et soucieux de bâtir sur une base solide.

J'ai laissé hors de cette discussion toutes les pistes secondaires, cependant pleines de renseignements, mais moins topiques. Je me réserve de les suivre avec entrain au fur et à mesure que mes notes accompagneront mon récit. On verra à quel point dans l'ensemble leurs découvertes confirment la solution déjà établie et de la dualité des onctions et de l'unité de la myrrophore. Il reste un autre problème à traiter quant à l'essentiel, et c'est l'identité ou la dualité de Marie (de Béthanie) et de Marie-Madeleine. Nous retrouvons encore le cher Père Lagrange, et tout aussi péremptoire, hélas ! « Il est impossible, dit-il, de considérer comme la même personne Marie de Béthanie et Marie, originaire de Magdala, venue de Galilée pour suivre Jésus. *Saint Jean les distingue très nettement.* »

Encore une fois, je suis tenu de dire que je crois bien avoir lu et relu maintes fois dans les diverses œuvres du Père Lagrange tout ce qui concerne cette ténébreuse affaire. Où ? Quand ? Dans quels textes ? Comment ? Jean distingue-t-il si nettement Marie (de Béthanie) et Marie-Madeleine ? J'ai cherché vainement une réponse à ces questions. Je n'ai pas trouvé dans le Père Lagrange l'ombre d'une réponse. Pour que la distinction fût nette, il eût fallu que Jean ou bien l'exprimât carrément, ou bien qu'il parlât des deux Marie en même temps, dans la même circonstance et comme de deux personnes différentes. Or, il s'en garde bien. Jamais Marie-Madeleine n'apparaît à côté de Marie (de Béthanie) ; quand un nom apparaît, l'autre n'est pas prononcé. C'était d'ailleurs le même nom, l'une et l'autre femmes s'appelaient Marie tout court. On disait parfois Marie de Magdala comme on disait Jésus de Nazareth. Les Evangélistes ne disent jamais « Marie de Béthanie ». J'ai déjà dit dans mon récit, et je dirai plus encore dans les notes, toutes les raisons qu'il y a sur le plan psychologique et moral à identifier les deux femmes. Il n'en reste pas moins que le texte des Evangiles ne fait pas explicitement cette identification. Il reste donc une ombre sur ce sujet et, pour le moment, nous ne pouvons parvenir ici qu'à une certitude morale. Mais je crois qu'on parvient à cette certitude morale.

Le Père Lagrange se moquait volontiers, et avec raison, je pense, des gens qui décidaient des us et coutumes de l'Orient sans y avoir jamais mis le pied. On ne peut retenir une réaction de ce genre — mais il ne s'agit plus de l'Orient seulement, il s'agit de la vie — à la pensée que Marie (de Béthanie) pourrait n'avoir pas suivi le Christ durant la

Passion et jusqu'au Tombeau. Certains exégètes ont-ils jamais mis un pied dans la vie ? Ont-ils jamais rencontré des hommes vrais, des femmes vraies, comme sont tous les personnages de l'Evangile ? Les images qu'on nous en donne sont pourtant si souvent d'une fadeur ou d'une abstraction écœurante, en somme assez semblables aux statues conventionnelles dites de Saint-Sulpice. On fait une querelle aux Evangélistes sur la distance d'Emmaüs à Jérusalem et on se refuse d'apercevoir les plus grossières inconvenances psychologiques. C'est filtrer le moucheron et avaler le chameau : les exégètes modernes sont souvent entrés dans ce rôle de pythons délicats.

Il y a plus qu'une convenance pour que Marie-Madeleine soit la même femme que Marie (de Béthanie). Je renvoie aux notes, et particulièrement aux notes 21 et 46. Mais pour résumer, les arguments sont ceux-ci :

— d'après Jean XI, 2, Marie (de Béthanie) est la même femme que la pécheresse de Luc, qui s'appelle donc elle aussi Marie ;

— Marie (de Béthanie) a donc habité la Galilée, puisque c'est là qu'elle a rencontré le Christ pour la première onction. Et elle l'a suivi jusqu'à Jérusalem, puisque nous la retrouvons à Béthanie pour la seconde onction. Or, c'est exactement ce qui est arrivé à Marie de Magdala ;

— Marie (de Béthanie) a donc été d'abord « pécheresse dans la Cité ». Or, Marie-Madeleine a été possédée, puis délivrée par Jésus, de sept démons (Luc VIII, 2). Il y a une certaine convenance entre ces deux états que saint Jérôme a très bien vue : « Marie-Madeleine est cette femme dont Il avait chassé sept démons : où il y avait eu abondance de péchés, il y aurait surabondance de grâce [1]. »

Je conclus donc toute cette discussion exégétique en disant :

1. « Maria-Magdelena ipsa est a qua septem dæmonia expulerat ; ut ubi abundaverat peccatum, superabundaret gratia. » Cité par Lag, *Commentaire sur Luc VIII*, 3.

1 — Marie (de Béthanie) est sûrement la même femme que la pécheresse de Luc ;

2 — Marie-Madeleine est très probablement cette même femme, bien qu'on ne puisse aboutir là qu'à une certitude morale. Mais cette identité est plus conforme aux textes mêmes de l'Evangile.

## C. — La Tradition sur la Myrrophore

Peut-on tirer de la Tradition un éclaircissement sur notre ténébreuse affaire ? Je m'en réfère à l'étude du Père Lagrange qui ne traite qu'un aspect très particulier de la question, mais le plus important puisqu'il détermine la position que l'on prend sur l'identité de Marie (de Béthanie) avec la pécheresse de Galilée : « Jésus a-t-il été oint plusieurs fois et par plusieurs femmes [1] ? »

« La première conclusion qu'on peut tirer de ce rapide examen des écrivains ecclésiastiques, c'est qu'il n'existe pas sur l'unité ou la pluralité de la ou des myrrophores ce qu'on pourrait nommer une tradition exégétique des Pères. Ils ne sont point d'accord et presque aucun n'est très affirmatif. Ce qui est plus étrange, c'est qu'aucun d'eux, aucun, n'ait fait appel à un souvenir traditionnel, qu'on aurait conservé ici ou là de la ou des myrrophores. Comme la question a été discutée d'assez bonne heure, si l'on n'a pas eu recours à cet argument décisif, c'est que personne ne savait rien. Il n'existe donc pas plus chez les Pères de tradition historique que de tradition exégétique. *Partout on a raisonné ou simplement parlé d'après l'Evangile.* »

Il y a peut-être de bonnes raisons à ce silence à l'origine au sujet de Marie-Madeleine. Peut-être n'a-t-elle plus vécu en Orient et a-t-elle été séparée assez vite des Apôtres et

1. *Revue biblique*, 1912.

de ceux parmi lesquels se sont constituées les premières traditions ? On n'aurait plus parlé d'elle, parce qu'elle n'était pas là et son tombeau n'était pas en ces lieux. Il y aurait une autre raison, à mon sens plus forte : nous verrons au chapitre suivant quelle exceptionnelle importance les Gnostiques ont donnée à Marie-Madeleine. Or la Gnose a été d'un danger très grave et très redouté pour l'orthodoxie de la primitive Eglise. Les livres gnostiques étaient détestés des chrétiens, qui ont tout fait pour les détruire et y sont souvent parvenus. L'importance extraordinaire donnée à Marie-Madeleine dans cette littérature a pu incliner les écrivains et les prédicateurs orthodoxes à cesser de parler d'un personnage de l'Evangile tellement utilisé par leurs pires ennemis. Enfin il semble bien qu'il y ait eu un courant puritain et que dans certains milieux on en soit venu à supprimer purement et simplement de l'Evangile de Jean l'épisode de la Femme adultère, qui scandalisait par une miséricorde jugée excessive [1]. Mais l'amitié du

1. Vigouroux, *Dictionnaire de la Bible*, art. *Femme adultère :* « ... Le récit de saint Jean se termine par ces mots que Notre-Seigneur adresse à la femme adultère : "Moi non plus, je ne vous condamnerai pas." (Jean VIII, 11.) C'est cette conclusion qui a paru choquante et qui a déterminé *la suppression de tout le passage dans beaucoup de manuscrits et surtout d'évangéliaires.* Saint Ambroise remarque que ce récit de l'Evangile "a pu causer grand scrupule aux esprits peu instruits", et que, "à l'écouter avec des oreilles distraites, on court le risque de se tromper". Saint Augustin dit en parlant de ce passage : "Il est des hommes de peu de foi, ou plutôt des ennemis de la vraie foi, qui, redoutant que l'impunité soit accordée aux péchés de leurs femmes, retrancheraient de leurs exemplaires ce que le Seigneur a fait en pardonnant à l'adultère." Ce que soupçonne saint Augustin, un écrivain du xe siècle, saint Nicon, reproche formellement aux Arméniens de l'avoir fait, en éliminant des saints Evangiles le récit qui a trait à la femme adultère, comme "nuisible à beaucoup"...

» Les Pères grecs, Origène, Théodore de Mopsueste, saint Cyrille d'Alexandrie, saint Jean Chrysostome, saint Basile, etc., et quelques Pères latins, Tertullien, saint Cyprien, ne citent pas le récit de la femme adultère... Les autres Pères latins expliquent ce passage de saint Jean dans les mêmes conditions que le reste de son Evangile.

» ... De tout ceci, il suit que les autorités pour ou contre l'authenticité du passage se balancent, avec avantage marqué cependant du côté des autorités favorables. Le silence des autorités défavorables s'explique par une raison qui laisse intacte l'authenticité du passage : on a simplement mis de côté un récit qu'on jugeait *de nature à scandaliser certains lecteurs. Autant cette suppression se comprend,*

Christ pour une ancienne pécheresse publique n'était-elle pas du même ordre ? A première vue du moins, je relève un parallélisme entre les écrivains qui écartent l'épisode de la Femme adultère et ceux qui tiennent absolument à distinguer Marie (de Béthanie) et la pécheresse de Luc. Ce sont très habituellement les mêmes et dans les mêmes milieux. Il semble qu'on ait mis longtemps à apercevoir et à accepter volontiers toute l'étendue de la miséricorde du Christ pour les pécheurs. Et d'ailleurs qui peut se flatter d'en voir toute l'étendue ? En tout cas, les textes de l'Evangile à ce sujet rencontrent une grande résistance auprès de certaines sensibilités, et cette résistance plus ou moins consciente a souvent créé un parti pris, nous le verrons, contre l'identité des myrrophores de Jean et de Luc. Ce parti pris a obscurci la lecture de Jean XI, 2, comme d'autres fois il a fait écarter l'épisode de la Femme adultère.

Le résultat n'est pas moins clair. Les Pères en étaient au même point que nous : ils partaient de l'Evangile seul.

Origène, qui une fois au moins a reconnu l'unité de la myrrophore dans Jean et Luc, a soulevé tous les aspects de la question. Mais d'un point de vue exégétique, il l'a plutôt embrouillée que résolue, par l'allégorisme. D'une manière générale, on ne peut guère tirer argument de l'Ecole d'Alexandrie, dominée par le symbolisme. La mention des pieds du Christ, dans Jean et dans Luc, celle de la tête dans Matthieu et Marc, ont plus d'importance dans

---

*autant serait inexplicable l'introduction d'un pareil récit dans l'Evangile, s'il venait du dehors.* » (H. Lesetre.)

Je pense que la même conclusion vaut pour l'exégèse de Jean XI, 2. On comprend que le même état d'esprit ait fait refuser à tout prix l'identité des deux myrrophores que ce verset implique. On a jugé cette identité de nature à scandaliser certains lecteurs. Autant cette interprétation embarrassée se comprend, autant serait inexplicable l'introduction d'un pareil verset dans l'Evangile, s'il venait du dehors.

Je note enfin une bizarrerie. Plusieurs manuscrits, qui suppriment de l'Evangile de Jean l'épisode de la Femme adultère, l'insèrent dans Luc XXI, juste avant la trahison de Judas. Serait-ce que ce passage paraissait davantage dans l'esprit de Luc, seul d'autre part à raconter l'épisode de la pécheresse pardonnée ? Il y a donc sur ce point particulier de l'attitude du Christ envers les femmes pécheresses une tendance à séparer Jean de Luc...

cette école que les différences chronologiques et géographiques.

Les Syriens sont plutôt pour la distinction des deux myrrophores, détournés peut-être du problème par une concordance qui situait dans Luc l'épisode de Marthe et Marie avant celui de la pécheresse pardonnée.

La tradition grecque et byzantine est dominée par l'autorité du Chrysostome, qui est très nettement pour la distinction. Mais c'est chez lui qu'on voit éclater le plus nettement un parti pris de prédicateur qui plie à son gré le texte évangélique. « *Ce qu'il avait surtout à cœur,* dit Lagrange, *c'était de ne pas imputer à la vertueuse Marie de Béthanie les fautes de la pécheresse...* Aussi préférait-il faire une seule femme d'après Luc, Marc et Matthieu, que d'exposer Marie à être confondue avec la pécheresse... La distinction entre la pécheresse et Marie de Béthanie est donc toujours une loi pour l'exégèse d'Antioche, transportée à Constantinople, elle le sera pour tous ceux qui relèvent du grand exégète orateur : *toutes les combinaisons seront tentées, sauf celle qui confondrait ces deux personnes.* » On ne peut mieux dire qu'à ce point c'est l'hypothèse qui commande au texte, et non le texte à l'hypothèse. Ce système, qui en arrive à désolidariser Matthieu et Marc de Jean sur la seconde onction pour les rapprocher de la première onction dans Luc, ne saurait avoir beaucoup d'autorité.

Honnêtement, le Père Lagrange a reconnu l'importance exceptionnelle d'Augustin. « Après divers tâtonnements des Latins, *Augustin replaça le débat sur ses vraies bases,* inclinant assez vers une des positions d'Origène pour que tout parût désormais en ordre : *deux onctions et une seule femme.* » C'est la solution évidemment imposée par Jean XI, 2. Si Augustin a vu si nettement la valeur décisive de ce verset, c'est aussi parce qu'il était libre de tout parti pris puritain. Grand pécheur lui aussi et pardonné, il a pris parti pour le sens obvie du texte, comme il a défendu l'épisode de la Femme adultère. Nul mieux que lui n'a senti combien Dieu aimait les pécheurs : « Si Dieu n'aimait pas les pécheurs, il ne serait pas venu du Ciel sur la terre », disait-il. Et c'est pourquoi il a osé aller jusqu'au bout du texte évangélique.

Mais voici tout le passage où le Père Lagrange traite de la position d'Augustin. Cette position gêne évidemment le Père Lagrange, et je ne suis pas sûr qu'il n'ait pas fait un petit effort pour en minimiser l'importance. Nous verrons. « L'évêque d'Hippone avait une occasion d'*examiner les choses de très près dans son livre sur l'accord des Evangélistes.* La divergence de dates entre Jean d'une part, et Matthieu et Marc de l'autre, est tranchée en faveur de Jean ; l'intention des deux Synoptiques était de revenir en arrière ; la Cène de Béthanie a donc eu lieu six jours avant la Pâque. Quant à Luc, il n'en a pas parlé. Donc *une seule onction à Béthanie (Matthieu, Marc, Jean) et une autre onction chez Simon le Pharisien,* qui porte le même nom que Simon le Lépreux, mais qui n'est pas la même personne, *et dans un lieu autre que Béthanie (Luc).* Tout étant différent, on s'attendrait à distinguer aussi deux myrrophores. Mais déjà en Occident la situation n'était plus une table rase. Saint Augustin incline vers l'unité. « Je pense qu'il n'y a rien d'autre à comprendre, sinon que cette femme qui, pécheresse, s'est approchée des pieds de Jésus, n'est pas une autre femme... mais c'est la même Marie qui a fait deux fois ce même geste [1]. » Avec une extrême perspicacité, il décour-

1. « Nihil itaque aliud intelligendum arbitror nisi nonquidem aliam tunc mulierem, quæ peccatrix accessit ad pedes Jesu... sed eamdem Mariam bis hoc fecisse. » J'avoue que je ne comprends pas la manière dont Lag. présente ces textes. Pourquoi la même femme ne peut-elle refaire le même geste en deux circonstances différentes ? Je renvoie à ma note 39 à ce sujet. Que veut dire Lag. quand il écrit : « Mais déjà en Occident la situation n'était plus une table rase » ? Il nous a affirmé auparavant qu'il n'y avait ni tradition exégétique ni tradition historique sur le sujet et que chacun avait dû partir du seul Evangile, et maintenant il fait allusion à je ne sais quelle poussée obscure, née par génération spontanée et portée par les écrivains spirituels et les prédicateurs, en faveur de l'unité. Pour autant qu'on puisse deviner le climat social de la chrétienté à cette époque, on a plutôt l'impression que la poussée s'exerçait en sens tout à fait contraire et pour la distinction à tout prix de Marie (de Béthanie) et de la pécheresse.

vre l'argument scripturaire, plus ou moins solide, mais enfin le seul qu'on puisse alléguer en faveur de l'unité, le texte où saint Jean semble renvoyer le lecteur à une onction antécédente (Jean XI, 2). « Ce disant, Jean s'en rapporte explicitement à Luc, qui a raconté que cette histoire est arrivée dans la maison d'un certain Simon le Pharisien. Marie, en effet, avait déjà accompli ce geste ; ce qu'elle fit de nouveau à Béthanie est une autre histoire qui ne concerne pas le récit de Luc, mais qui est également racontée par les trois autres, Jean, Matthieu et Marc[1]. » Voilà ce qu'écrivait Augustin vers l'an 400. Mais il ne lui échappa pas que la raison tirée de Jean n'est pas décisive, car il pouvait faire allusion aussi bien à l'onction déjà connue des chrétiens par le récit de Matthieu et de Marc qu'à celle de Luc, ou plutôt il indiquait d'avance l'onction qu'il allait raconter. Jean ne dit pas en effet que Marie mouilla les pieds de ses larmes, les essuya de ses cheveux et les oignit (Luc) ; mais qu'elle oignit les pieds et les essuya de ses cheveux, ce qui est exactement ce qu'on trouvera plus loin dans son texte (XII, 3). Dans ses traités sur saint Jean, écrits vers 416, Augustin est donc beaucoup moins ferme sur l'identité de la pécheresse et de Marie, qu'il semble laisser en suspens : « Voici la sœur même de Lazare (si toutefois c'est elle qui a oint les pieds du Seigneur avec un onguent et les a essuyés de ses cheveux après les avoir baignés de ses larmes) ; elle fut ressuscitée plus vraiment

---

Au point que jusqu'ici aucun prédicateur n'a osé être sans réserve pour l'unité et qu'Augustin lui-même, si net dans son traité scientifique du *De Consensu*..., laisse une porte entrouverte à l'autre hypothèse dans ses homélies.

1. « Hoc dicens Johannes adtestatur Lucæ, qui hoc in domo Pharisaei cujusdam Simonis factum esse narravit — jam itaque hoc Maria fecerat. Quod autem in Bethania rursus fecit, aliud est, quod ad Lucæ narrationem non pertinet, sed pariter narratur a tribus, Johanne scilicet, Mattheo et Marco. » (*De Consensu ev.*, II, 78, édition de Vienne.) Ce texte est en effet on ne peut plus clair. Il ne fallait pas tellement de perspicacité pour découvrir l'argument scripturaire de Jean XI, 2 ; il suffisait de lire sans préjugé. Le Père Lagrange insinue que cet argument n'est pas solide. Nous avons vu au chapitre précédent ce qu'il en faut penser.

que son frère ; elle a été libérée de la grande masse de ses habitudes mauvaises. C'était en effet une pécheresse célèbre. C'est d'elle qu'il a été dit : « Bien des péchés lui sont pardonnés parce qu'elle a beaucoup aimé [1]. » Dans un sermon, même réserve, sinon plus accentuée : « L'impureté était loin de cette maison : elle n'était ni avec Marthe, ni avec Marie. Et si à un moment donné elle y fut, à l'entrée du Seigneur elle s'en était enfuie [2]. »

J'avoue ne pas voir dans ces textes ni les réserves, ni les hésitations qu'y voit le Père Lagrange. Les propositions principales sont toutes en faveur de l'identité, et dans l'avant-dernier texte surtout, il est clair que tout le développement s'effondre si l'identité n'existe pas. Ceci dit, ce sont des sermons et Augustin est peut-être obligé de prendre quelques précautions avec un auditoire peu disposé à accepter l'identité de Marie et de la pécheresse. Cependant, il ne renonce pas à cette identité qu'il a si explicitement

1. « Ecce ipsa soror Lazari (si tamen ipsa est quæ pedes Domini unxit unguento et tersit capillis suis quos lavarat lacrimis) melius suscitata est quam frater ejus : de magna malæ consuetudinis mole est liberata. Erat enim famosa peccatrix : et de illa dictum est : "Dimittuntur ei peccata multa quoniam dilexit multum". » Je crois bien que c'est Lagrange qui a imaginé ce changement dans l'esprit de saint Augustin, et surtout le motif de ce changement : 1) que l'argument tiré de Jean XI, 2 ne serait pas décisif. Jamais Augustin n'a dit une chose pareille ; 2) que Jean XI, 2 pouvait désigner l'onction racontée au chapitre suivant et cela à cause de l'ordre oindre — essuyer, au lieu de mouiller — essuyer — oindre. Cela est si vrai que dans le texte que je viens de citer en latin dans cette note même, la parenthèse qui désigne sans aucun doute possible la première onction dans Luc prend l'ordre même de Jean (oindre — essuyer), et non celui de Luc. Ces différences dans le récit de l'action relèvent naturellement des différentes manières et légitimement différentes de raconter le même fait. Lagrange qui harmonise sur la seconde onction Matthieu et Marc d'une part avec Jean d'autre part, aurait mauvaise grâce à le nier. Car là il y a des différences de dates, dans les Synoptiques il n'est question que de la tête du Christ et, dans Jean, que des pieds. Lagrange a pourtant parfaitement raison d'harmoniser ces trois récits et de n'y voir qu'une seule action racontée par trois témoins. Mais alors après cela relever la tellement moindre différence entre Luc et Jean XI, 2, alors qu'il y a de si fortes raisons grammaticales et de style de les harmoniser, cela n'est plus qu'une misérable chicane.

2. « Vita vero iniqua aberat ab illa domo, nec cum Martha erat, nec cum Maria ; et si aliquando fuit, Domino intrante, fugit », *Patrologie latine* de Migne XXXVIII, 618.

affirmée dans un ouvrage d'exégèse, où il traitait *ex professo* (et non pas en prédicateur) de la question. La question de date des sermons n'a aucune importance quand il s'agit d'Augustin, puisque dans les dernières années de sa vie ce grand Docteur a écrit des « Retractationes » que nous traduirions assez bien par « Mises au point ». Dans ces deux importants livres, Augustin revoit toute son œuvre, l'explique ou la corrige quand il le juge utile. Sur ce point il ne l'a pas fait, et pour cause. Il a tenu sa position exégétique de *De Consensu* jusqu'au bout.

Cependant, même dans le *De Consensu*, il n'imposait pas sa solution d'une manière absolue, et les parenthèses introduites au conditionnel dans les deux derniers textes équivalent à peu près à l'*arbitror* du premier. C'est sa position à lui, Augustin, qu'il présente. Il la croit solide et il ne la désavouera jamais. Mais il y a peut-être tellement de passion autour de cette histoire et hostile à l'identité, qu'en public surtout, il se garde d'imposer cette solution qui lui paraît pourtant la seule raisonnable. Que penser alors de ce qu'écrit le Père Lagrange : « Aujourd'hui comme alors, le seul moyen efficace de n'admettre qu'une femme, c'est de n'admettre qu'une onction. » Augustin a très bien vu qu'il y avait eu deux onctions et que dans le même texte XI, 2, Jean par le participe passé nous apprend à la fois sans aucun doute possible et qu'il y a eu deux onctions et une seule myrrophore. Il n'est que de faire à ce texte son droit et de le prendre comme il est.

On ne peut pas dire qu'Augustin continuait une tradition jusqu'à lui si flottante. Mais, du moins en Occident, il la fixait. Cette solution si raisonnable, si conforme aux textes, proposée par un Docteur en possession de textes exacts et d'une vaste culture, connaissant ses devanciers et s'étant posé plus qu'aucun autre les problèmes de l'harmonisation des Evangiles, exempt de préjugés puritains parce qu'il avait profondément médité sur la miséricorde de Dieu, cette solution s'était peu à peu dégagée d'une mentalité qui lui était peu favorable d'abord. Mais enfin et parmi tant d'autres solutions, Origène l'avait une fois formulée avec éclat : « *Que Marie soit la même que celle qui dans Luc oignit le Seigneur d'un parfum, cela est évident. Mais celui-ci a tu son nom, tandis que Jean a complété ce que celui-ci avait omis.* » C'était parfaitement poser le problème. Cependant l'allégorisme d'une part, les préjugés puritains de l'autre et peut-être aussi la faveur des gnostiques pour le personnage avaient longtemps obscurci cette évidence. Juste avant Augustin, Ambroise pourtant n'osait plus écarter l'identité : il distingue de Luc à Jean, ou deux femmes, ou la même de pécheresse devenue sainte : « *Altera est illa vel persona, vel profectu, quæ propinqua nobis est...* » Il semble que c'était aussi la position de Jérôme. Mais pour Augustin il n'y a plus d'alternative. Il est personnellement sorti du doute. Il s'est formé une opinion qu'il présente seulement comme son opinion. Il a l'air de connaître l'opinion adverse, mais il ne la formule même jamais. Il n'a pas varié comme on peut croire qu'Origène l'a fait. L'opinion d'Augustin est simple et constante. L'immense autorité qu'il possède est incontestablement en faveur de l'unité de la myrrophore : deux onctions, une seule femme.

Or le Père Lagrange conclut son étude de la question : « C'est là probablement un des cas où l'instinct populaire a triomphé des précisions des savants. Cette femme aimante, portant à la main le vase de parfum, le répandant si généreusement sur les pieds et sur la tête de Jésus, *c'était toujours la même, la même image, le même geste, le même amour*. Et si cet amour est d'abord un amour repentant, qui arrose les pieds de Jésus de ses larmes et les essuie de ses cheveux, pourquoi cet amour, consommé par la pénitence, n'aurait-il pas été jugé digne d'oindre la tête de Jésus ? Rien n'égale la beauté du pardon, si ce n'est la bonté mélancolique qui défend encore une fois la pauvre femme à la veille de la Passion. *Elle est toujours la même et il est toujours le même pour elle.* Déchirez cette unité, dites-nous que vous ne savez pas ce qu'est devenue la pécheresse, qu'on ne la trouve plus suivant la trace des pieds divins qu'elle a baignés de ses larmes, et que vous ne savez pas non plus dans quel souvenir reconnaissant Marie de Béthanie a puisé l'inspiration de l'avant-dernière Cène. *L'exégète approuvera cette réserve.* Mais le peuple chrétien pouvait-il renoncer à l'admirable figure de la pardonnée devenue l'amie, le plus aimable objet de la miséricorde, l'image de la Gentilité ramenée à Dieu, la brebis lassée que le Bon Pasteur ramène sur ses épaules ? Et les prédicateurs auraient-ils eu le courage de discuter froidement les textes au lieu de ramasser dans une seule personne toutes les raisons de croire à la bonté de Dieu et de revenir à Lui ? »

Bon, voilà que c'est la faute des prédicateurs et que les exégètes modernes seuls ont gardé la tête froide dans cette affaire. Cette conclusion du Père Lagrange m'a proprement estomaqué. On peut dire tout aussi bien :

— C'est là probablement un des cas où la critique textuelle et la perspicacité des savants a fini par triompher des préjugés puritains, des conventions sociales et de l'indignation des prédicateurs, y compris le plus grand d'entre eux, Jean Chrysostome, et a fini par conformer la sensibilité du peuple chrétien à la lettre et à l'esprit de l'Evangile. L'utilisation de Marie-Madeleine par les Gnostiques, une tendance sociologique au pharisaïsme qui est un danger dans tout milieu religieux et qui avait fait supprimer par des faussaires l'épisode de la Femme adultère de plusieurs manuscrits et évangéliaires, les fantaisies de l'allégorisme, les entraînements de l'éloquence et la sévérité des prédicateurs, tout cela a fait qu'on a perdu d'abord les souvenirs historiques qui se rattachaient à la pécheresse de Galilée, puis a empêché longtemps qu'on discerne bien dans le texte évangélique son identité avec Marie (de Béthanie) si clairement affirmée par Jean. Mais enfin le sens critique des Docteurs, à commencer par celui d'Origène, aida peu à peu le peuple chrétien à retrouver et à admettre la vérité d'une saine exégèse objective qui s'est exprimée sans équivoque dans l'opinion personnelle du plus grand Docteur latin, saint Augustin.

A partir de ce moment, une forte présomption existait que cette Marie qui avait été pécheresse était aussi la même que Marie de Magdala, dont le Christ avait chassé sept démons. Dans cette perspective, Grégoire le Grand apparaît, non pas comme un initiateur, mais comme un Docteur qui tire les conclusions à la fois d'un lent effort critique et d'une prise de conscience de plus en plus aiguë de la grandeur du personnage, par le peuple chrétien. En lui le prédicateur rejoint parfaitement la plus authentique et la plus scientifique tradition d'exégèse quand il écrit : « *Cette femme que Luc appelle pécheresse, que Jean appelle Marie, nous croyons qu'elle est cette Marie même dont Marc affirme qu'elle fut délivrée de sept démons*[1]. » Rien dans les termes mêmes n'est plus objectif ni plus honnête que cette conclusion qui dose les certitudes. Grégoire affirme nettement et sans restrictions l'identité affirmée non moins nettement par Jean. Et il propose ensuite comme une opinion qui arrive à la certitude morale (« *credimus* ») l'identité de la pécheresse et de Marie de Béthanie avec Marie-Madeleine.

1. « Hanc vero quam Lucas peccatricem mulierem Johannes Mariam nominat, illam esse Mariam credimus, de qua Marcus septem dæmonia ejecta fuisse testatur. » (Homélie 33 sur Luc VII.)

## D. — Marie-Madeleine était-elle hellénisée ?

Ce qui m'a mis sur le chemin de me poser une telle question, c'est la phrase solennelle de Luc, qui conclut l'éloge de Jean-Baptiste par le Christ et ouvre l'épisode de l'onction par la pécheresse (Luc VII, 35) : « Tous les enfants de la Sagesse lui ont rendu hommage. » Comment se faisait-il que par association Luc se mettait immédiatement à raconter l'hommage rendu au Christ par la pécheresse ? Cette pécheresse était-elle par excellence une fille de la Sagesse ?

Puis en réfléchissant sur l'ordre de Luc, il m'a semblé découvrir entre Luc VII et sq. et saint Paul I Cor. I 22-25, un parallélisme qui pouvait me donner la clef de ces chapitres de Luc, et par conséquent bien des lumières sur mon héroïne.

Dans ces chapitres VII et sq., Luc raconte d'abord deux grands *miracles* du Christ : la guérison à distance du serviteur du centurion et la résurrection du fils de la veuve de Naïm. Jean-Baptiste est en prison et ses disciples lui parlent du Christ et des *miracles* qu'il accomplit. Aussitôt Jean envoie une délégation à Jésus avec mission de l'interroger sur sa mission : Est-il, oui ou non, celui qui doit venir ? La réponse de Jésus ne s'exprime pas en paroles, mais d'abord en *miracles,* et dans son message à Jean il cite Isaïe, qui attribue à l'avance au Messie le don des *miracles.* Enfin le Christ termine très solennellement par une Béatitude : « Et bienheureux celui pour lequel je ne suis pas un objet de *scandale.* » Puis grand éloge du Précurseur qui se termine par la phrase : « Et tous les enfants de la *Sagesse* lui ont donné raison. » Et aussitôt récit de l'onction par la pécheresse. Puis énumération des saintes femmes et parabole du semeur sur la *Parole* et la manière de l'entendre. Récit de l'épisode des parents de Jésus, dont nous savons par Marc III, 21 qu'ils le tenaient pour *fou,* et conclusion par Luc : « Ma mère et mes frères sont ceux qui écoutent la *Parole* et la mettent en pratique. » A l'intérieur même du récit, il y a un premier parallélisme entre la manière dont le thème *miracles* est traité et la manière dont le thème *Sagesse-Parole* est traité. La Sagesse étant par excellence la manière dont la Parole de Dieu est reçue et mise en pratique.

C'est exactement ce balancement et ce parallélisme que nous retrouvons dans le texte aux Corinthiens : et pratiquement avec les mêmes mots et les mêmes oppositions d'idées : « miracle - scandale », « sagesse - folie ». « Les Juifs demandent des *miracles* et les Grecs cherchent la *Sagesse :* nous autres, nous prêchons le Christ crucifié, *scandale* pour les Juifs, *folie* pour les Nations, mais pour ceux qui sont appelés, Juifs ou Grecs, Oint *vertu* de Dieu et *Sagesse* de Dieu, parce que ce que Dieu a de *fou* est plus *sage* que les hommes et ce que Dieu a d'*infirme* est plus *fort* que les hommes. » (1 Cor. I, 22-25.)

Plus j'ai scruté ces textes, plus le parallélisme m'est apparu évident entre les chapitres de Luc et les quatre versets de Paul. Ce parallélisme mériterait bien un jour d'être étudié pour lui-même. Mais comme tous les parallélismes, il était pour moi très éclairant. Paul parle en général des Juifs et des Grecs, là où Luc parle de Jean-Baptiste et de Marie-Madeleine. On voit comment l'idée s'imposait à moi de faire de Marie-Madeleine un personnage qui serait, par rapport à la tradition grecque, ce que Jean-Baptiste était dans la tradition hébraïque.

A cela s'ajoutait la personnalité de Luc. On sait que des

quatre Evangélistes, c'est le seul qui soit né Gentil, qui soit venu du paganisme et de tous les quatre le plus hellénisé. Grec, il écrivait pour les Gentils. L'intérêt qu'il porte à la pécheresse de Galilée, la place qu'il donne au banquet chez Simon le Pharisien, la curiosité qu'il a envers tout ce qui touche Hérode et sa Cour, la femme de Chuza qu'il est seul à nommer, bien des détails de ce genre me confirmaient dans l'idée que Marie-Madeleine avait eu en effet dans le petit groupe du Christ un rôle aussi symbolique pour les Grecs que Jean-Baptiste pour les Juifs.

Alors j'ai relu Platon, particulièrement *le Banquet*, et dans *le Banquet* le discours de Diotime. J'en venais à me demander jusqu'à quel point Luc lui-même, racontant la rencontre de Marie-Madeleine au cours d'un repas, n'avait pas voulu faire une réplique au Banquet platonicien et de Marie-Madeleine une réplique à Diotime. En tout cas, ce personnage de Marie-Madeleine m'apparaissait capable d'avoir joué ce rôle de Diotime dans ces milieux hellénisés de la Galilée. Du coup, bien des choses tombaient sous un éclairage qui prolongeait indéfiniment les perspectives. Il est évident que le titre « pécheresse dans la Cité » prenait une résonance bien différente de celle qu'il pourrait avoir aujourd'hui. Le choix de Phryné, comme modèle de Marie-Madeleine avant sa conversion, n'était plus qu'une préférence artistique entre tant d'autres noms prestigieux. L'essentiel était que Marie-Madeleine avait sans doute très réellement représenté dans son milieu l'idéal hellénique de la « femme libre ».

Que Marie-Madeleine ait pu être platonicienne, cela donnait à son état de courtisane un caractère très différent de ce qu'il est aujourd'hui et, dans la tradition grecque, la plaçait à côté de Phryné, Aspasie, Diotime et Cléopâtre. Toutes, très grandes dames, socialement très honorées, à l'égal des artistes, des philosophes et des Princes. Nous avons bien connu une époque où, dans certains milieux littéraires et artistiques, il finissait par être mal porté de n'être pas homosexuel. Le snobisme n'a pas de bornes.

L'antithèse que soulignait le Père Lagrange, après tant d'autres prédicateurs, y compris Chrysostome, entre la « très honorée Marie de Béthanie » et la « pécheresse dans la Cité » n'existait plus.

Sachant que les Hérodes avaient toujours été favorables à l'hellénisme, je me suis alors posé la question de la présence de Marie-Madeleine à la cour de Tibériade. Magdala touche Tibériade. Il me paraissait invraisemblable qu'une fille de grande famille, jeune, belle, cultivée, de mœurs très libres, vivant à proximité d'une Cour brillante, ne se fût pas senti des fourmis dans les jambes tant qu'elle n'y avait pas été introduite. Il ne faudrait tout de même pas raisonner comme si Marie-Madeleine était demeurée enfermée chez elle comme une bûche au bûcher.

Je reviendrai sur chacun de ces points dans mes notes et au fur et à mesure de mon récit. Je trouvais beaucoup de confirmations, à tout le moins d'indices favorables à mes hypothèses, dans le texte même des Evangiles.

Une autre confirmation me venait de la plus ancienne tradition au sujet de Marie-Madeleine. A travers toutes les hésitations et les allées et venues de cette tradition, une chose demeurait constante : la pécheresse de Luc était le symbole de la Gentilité ramenée à Dieu par le Christ. Elle était donc considérée depuis toujours sinon comme de nationalité païenne, du moins de mœurs païennes. Et le paganisme en Galilée au temps du Christ, c'était d'abord et avant tout l'hellénisme. Un hellénisme d'ailleurs très libéral et accommodant, qui n'en faisait que plus horreur aux Pharisiens. La scène chez Simon le Pharisien en devenait plus typique. Mais il est certain que dans les Evangiles, et pas seulement dans saint Jean, c'est la réalité des faits qui est souvent typique.

J'avais écrit entièrement mon livre et tel qu'il est maintenant quand j'ai bénéficié de ce qui était pour moi une découverte et que je dois à mon ami Kurt Seligmann. Ayant lu mon livre, il m'a donné à lire *Pistis Sophia*, dans la traduction anglaise de G.R.S. Mead[1]. C'est ainsi que j'ai appris que ce livre constitue un des plus importants recueils gnostiques que nous possédions. Il a été traduit en français par Amelineau en 1895. L'original que nous possédons est en langue copte. Mais très évidemment cet original est lui-même une traduction de textes grecs antérieurs peut-être d'assez longtemps. Il y a eu évidemment bien des discussions sur la date du manuscrit copte. Finalement, les meilleurs critiques s'accordent pour le situer entre le début du IIIe et le VIe siècle, avec une tendance à le mettre plutôt au troisième. Bref, c'est un très ancien document qui représente sans doute la pensée gnostique grecque de la première époque chrétienne. On sait combien les courants gnostiques se sont assimilé l'hellénisme, particulièrement le néo-platonisme, et ont tenté de s'assimiler le christianisme en en faisant une sorte de modernisme néo-platonicien. Ce n'est pas une telle étude qui m'intéresse ici et la lecture de la *Pistis Sophia* m'a captivé du point de vue de mon sujet.

La *Pistis Sophia* se présente comme un apocryphe de l'Evangile. C'est Jésus lui-même qui est en scène avec les douze Apôtres et les Femmes qui le suivent. Il y a peu ou pas d'action, donc pas de récit comme dans les Evangiles. Ce sont des discours. On interroge le Christ et il répond. Or la personne qui questionne le plus et qui reçoit le plus de réponses de la part du Christ est sans contredit Marie-Madeleine. Presque toutes les questions, c'est elle qui les pose et c'est elle qui discute avec le Christ. Cela est si frappant qu'à plusieurs reprises Pierre s'en irrite, reprochant à Marie-Madeleine de parler toujours. Et à son tour Marie-Madeleine reproche à Pierre de mépriser les femmes.

Parmi ces femmes qui entourent le Christ, il y a Marie, sa mère, très bien distinguée à chaque fois de Marie-Madeleine. Il y a Salomé, qui est sans doute possible la sainte femme nommée par les Evangiles au pied de la Croix. Il y

1. *Pistis Sophia*, Englished by G.R.S. Mead, John M. Watkins, London, 1921.

a d'autres femmes. Mais il y a surtout Marie-Madeleine. On ne voit absolument pas paraître Marie de Béthanie, alors que Marthe paraît plusieurs fois. Il semble bien que, pour les gnostiques de la plus haute époque, il n'y avait en dehors de la mère de Jésus qu'une Marie, et c'était Marie-Madeleine. Mais ce qui est plus intéressant encore, c'est que, dans le petit groupe qui entourait Jésus, ils l'aient choisie, elle, pour représenter leur doctrine. Il devait donc y avoir autour du souvenir de Marie-Madeleine quelque chose qui favorisait cette utilisation des gnostiques, et je pense que c'était simplement parce qu'elle était plus proche de l'hellénisme.

On sait aussi l'utilisation que les gnostiques ont faite de l'Evangile de Jean, en particulier de sa doctrine du Logos. Or, dans *Pistis Sophia,* Marie-Madeleine est mise sur le même pied que Jean. Ils sont jugés dignes plus que tous autres de recevoir les mystères de l'Ineffable. Jésus les place l'un à sa gauche, l'autre à sa droite, et déclare : « Moi, je suis eux ; et eux sont Moi [1]. »

Bien plus, il y a eu parmi les Evangiles apocryphes un Evangile selon Marie-Madeleine. C'était bien sûr un livre gnostique. Bref, Marie-Madeleine a eu la vedette dans la gnose. Il ne s'agit pas de justifier cette utilisation, mais de savoir si elle n'avait aucun fondement historique. Je pense qu'il est raisonnable de dire que l'hellénisation de Marie-Madeleine la rendait plus accessible aux gnostiques. Et c'est la raison de l'extraordinaire engouement qu'ils ont montré pour elle.

1. *Pistis Sophia,* n° 231, p. 193 : « On this account I have said unto you aforetime : "Where I shall be, there will be also my twelve ministers." But Mary Magdalene and John, the virgin, will tower over all my disciples and over all men who shall receive the mysteries in the Ineffable. And they will be on my right and on my left. And I am They, and they are I. »

# II

# NOTES

On a pu voir que j'ai divisé mon récit en paragraphes numérotés de 1 à 63. Les notes suivantes sont placées sous des numéros qui vont également de 1 à 63. Il arrive pourtant que des paragraphes n'aient pas de notes correspondantes. Dans le récit même, je n'ai pas voulu introduire de signes d'imprimerie en référence aux notes, pour ne pas agacer le lecteur qui n'est pas au courant de tous les problèmes. J'ai simplement marqué d'un astérisque tout numéro qui a une note correspondante à la fin du volume.

Dans mon récit, il m'arrive de ne pas citer textuellement l'Evangile, mais de le paraphraser. A chaque fois, mon goût eût été de citer en note le texte d'une traduction exacte. Mais la place m'est ici limitée. Je me contenterai donc de donner les références aux textes des Evangiles, et comme ces textes sont entre toutes les mains, il sera loisible à chacun de s'y reporter et de découvrir ainsi quelle est la part de la paraphrase.

Le R.P. Considine, maître en théologie, ancien élève de l'Ecole biblique de Jérusalem, professeur à la Maison d'études des Dominicains à River Forest (Ill.), a bien voulu lire attentivement mon récit et mes notes, avant même que je les donne à la censure de l'Ordre. Bien que je demeure seul à porter la responsabilité de mes positions, je lui dois de précieux avis. Je l'en remercie vivement.

3 — Comme on le voit, dès le début de mon récit, je suppose bien des problèmes résolus. Mais l'ordre d'exposition est différent de l'ordre d'invention. Ces problèmes que je suppose résolus, je me propose pourtant de les aborder en détail au fur et à mesure que le texte de l'Evangile lui-même les fera naître. Voir aussi les chapitres précédents intitulés « Une ténébreuse affaire ».

4 — En ce qui concerne Phryné la Courtisane, notre documentation nous vient d'Athenaeus, un grammairien grec égyptien qui vécut à la fin du deuxième siècle après J.-C. Il a écrit des propos de table, *Deipnosophistæ,* qui nous sont en partie parvenus. Il y a eu une traduction anglaise par Yonge, in Bohn's *Classical Library.* Je n'ai malheureusement pas pu consulter ce livre et j'ai dû me contenter de l'article PHRYNE, dans l'*Encyclopédie britannique,* vol. 17. D'ailleurs, le personnage a surtout pour moi une valeur symbolique et représente ici l'idéal hellénique de la femme libre.

En ce qui concerne Diotime, voir son discours dans *Le Banquet* de Platon (Pléiade, Platon, t. I, pp. 734 sqq.) : « Il faut, sache-le, quand on va droitement à cette fin, (la Sagesse) que, *dès la jeunesse, on commence par aller à la beauté physique,* et tout d'abord... par n'aimer qu'un unique beau corps et par *engendrer à cette occasion de beaux discours.* Mais ensuite il lui faut comprendre que la beauté résidant en tel ou tel corps est sœur de la beauté qui réside en un autre, et que, si l'on doit poursuivre le beau dans une forme sensible, ce serait une insigne déraison de ne pas juger une et la même la beauté qui réside dans tous les corps : réflexion qui devra faire de lui *un amant de tous les beaux corps* et détendre d'autre part l'impétuosité de son amour à l'égard d'un seul individu ; car un tel amour, il en est venu à le dédaigner et à en faire peu de cas. Ensuite de quoi, c'est la beauté résidant dans les âmes qu'il juge d'un plus haut prix... » Je sais bien que lorsque Platon parle d'amour, il s'agit d'abord de l'amour, par les philosophes, des jeunes garçons. Mais enfin il est remarquable que ce soit une femme qui donne cette leçon platonicienne sur l'amour et ses degrés. Qu'une femme puisse être platonicienne n'est pas interdit, puisque Diotime l'est.

Il y a plus. L'Orient a fait de la prostitution une fonction sacrée et un rite religieux. Il suffira de citer ces imprécations contre la prostituée négligente dans son service : « La prostituée sacrée au cœur impur qui abandonne le lieu de prostitution, la prostituée du dieu Anna, qui ne fait pas son service, au soir du commencement du mois incomplet... Esprit du ciel, souviens-t'en. Esprit de la terre, souviens-t'en. » (François Lenormant, *La Magie chez les Chaldéens et les Origines accadiennes,* Paris, 1874, p. 4, III). Dans les religions sémitiques, la prostitution était quasi universelle. Si la Loi de Moïse interdit tout particulièrement aux filles des prêtres d'Israël et, sous peine d'être brûlées vives, de se prostituer, c'est parce qu'elles y étaient particulièrement disposées par les exemples et les pratiques des religions voisines. En fait, les défaillances du peuple élu se traduisirent par l'introduction de la prostitution dans le culte, et l'on sait que sous Manassé des courtisanes furent introduites à demeure dans l'enceinte même du Temple de Jérusalem.

Dès avant l'époque d'Alexandre, l'Orient avait exercé une influence immense sur la vie religieuse des Grecs, particulièrement par l'introduction des Mystères. Les Mystères d'Eleusis étaient libres d'accès pour les courtisanes et Phryné y était initiée. A la basse époque, il y eut aussi des temples consacrés à la prostitution. Le plus fameux était celui de Corinthe, dédié à Aphrodite. D'ailleurs, dans les Indes, il y a des prostituées considérées comme des prêtresses et attachées à ce titre au service d'un temple. Au Japon, les courtisanes ont un rang social supérieur : dès l'enfance, elles sont sélectionnées en vue de cette promotion sociale et reçoivent une éducation supérieure à celle des autres filles. Elles sont musiciennes, artistes, cultivées, ont un rôle dans la Cité, tout comme chez les Grecs qui n'étaient donc pas en cela très originaux.

A propos d'Eve, voir Genèse II, 25 : « Erat autem uterque nudus, Adam scilicet et uxor ejus ; et non erubescebant. »

6 — A propos d'Esther et des autres exemples bibliques que je donne, il convient de remarquer que l'Eglise utilise ces textes pour l'éloge des saintes, et particulièrement de la Vierge Marie. Mais il est bien clair que ces textes ne sont alors utilisés que dans leur sens prophétique, annonciateur d'une action purement spirituelle, et que l'Eglise rejetterait avec horreur les conclusions morales qu'on peut normalement tirer du sens littéral. C'est ce que Simone Weil, dans son antisémitisme sommaire, n'a pas vu. C'est le mot de saint Augustin qui vaut universellement comme principe d'exégèse pour l'Ancien Testament : « Eternel comme prophétie, aboli comme Loi. » C'est-à-dire qu'on ne peut plus avoir ses héros comme modèles, sinon en ce qu'ils ont de commun parfois avec le Nouveau Testament. Et s'il y a un point où le christianisme a apporté une révolution profonde et originale dans le milieu où il est né, c'est bien celui de la morale sexuelle. Outre que la Loi ancienne était beaucoup plus large que la Loi nouvelle, la pratique était encore plus large que la loi, comme il arrive presque toujours.

7 — Tibériade « fut fondée par Hérode Antipas... entre l'an 20 et 30 de notre ère... Il fallut déplacer une nécropole... pour avoir largement la place nécessaire à la construction de la nouvelle ville, et pour ne pas exposer les gens aux impuretés légales que pouvait leur faire contracter la présence de ces tombeaux. Cette circonstance éloigna d'abord les Juifs de la cité naissante :

« Elle fut peuplée d'abord, dit Josèphe (*Ant. Jud.*, XVIII, 2-3), au moyen de toutes sortes d'étrangers et aussi d'un grand nombre de Galiléens. Beaucoup d'habitants de la contrée appartenant à Hérode y furent également transplantés de force. Parmi ceux-ci, quelques-uns étaient revêtus de dignités. Mais il admit pareillement avec eux un ramassis de pauvres et même de gens dont la condition libre n'était pas suffisamment établie. Il leur accorda des immunités et les combla de bienfaits. Il leur fit construire des maisons à ses frais et leur donna des terres, à la condition de ne jamais quitter Tibériade, car il savait qu'il répugnait aux Juifs d'habiter cette ville, parce qu'on avait dû enlever beaucoup de tombeaux sur l'emplacement où on la bâtit, ce qui, d'après nos lois, rendait ceux qui devaient l'occuper impurs pendant sept jours. » Ces quelques lignes de Josèphe rendent plus que vraisemblable, mais probable, la présence de Marie-Madeleine à la Cour d'Hérode. Cette Cour d'Hérode était ce que sont encore tant de Cours orientales : tel célèbre pacha, aux bords du désert, pare ses réceptions de danseuses, qui sont en ville des prostituées, quelques-unes très riches, honorées parce que redoutées à cause de leurs accointances avec la police du pacha qui les utilise comme espionnes. On imagine la chance de la petite Juive platonicienne qui voit s'ouvrir devant elle et toutes grandes les portes de la Cour d'un monarque fastueux, s'enrichit de ses faveurs et se lance dans le grand monde, où d'ailleurs le rang de sa famille la plaçait de naissance. Bien loin de fermer sa porte à la resplendissante courtisane, Hérode dut être préoccupé de l'attirer très vite près de lui et Hérodiade, sa femme, devait non seulement favoriser son amitié avec sa fille à elle, Salomé, mais encore patronner leurs aventures. C'est le contraire qui eût été anormal. Nul n'est allé plus loin dans la licence que les grandes patriciennes de l'Empire. Tibère, pourtant si libéral sur ce point, publia un édit qui restreignait pour les patriciennes le droit de se faire inscrire parmi les prostituées de Rome. Car Rome avait déjà le système de la mise en carte pour les filles publiques et les dames des grandes familles romaines trouvaient apparemment ce système à leur goût. Elles en avaient plus de liberté dans leurs allées et venues et le choix de leurs compagnons d'un soir. « A Rome, la prostitution avait pris, sous les premiers empereurs, un tel développement que *les courtisanes seules étaient considérées ; pour attirer l'attention, les plus nobles matrones en venaient à se faire courtisanes*, au point que Tibère se crut obligé de réprimer ce honteux désordre. » (Cf. Suétone, *Tib.*, 35 ; Tacite, *Annales*, II, 85 ; XIV, 16 ; XV, 37 ; etc. Vig. Dic. B, art. *Prostitution.*)

Or nous savons que les Hérodes, hommes et femmes, ont toujours beaucoup séjourné à Rome, et c'est à Rome, non en Palestine, qu'Hérode Antipas a fait la connaissance de la fameuse Hérodiade, la femme de son frère, qu'il devait épouser. La prostitution était la mode du jour chez les grandes dames de l'Empire. C'était donc une plaisanterie de dire de Marie (de Béthanie) que, parce qu'elle était très évidemment d'une très grande famille, elle n'avait pu être courtisane. Après tout Bérénice, la dernière princesse de la famille des Hérodes, était d'aussi grande famille et un simple résumé de sa vie suffit pour donner une vraisemblance étonnante à la carrière de Marie-Madeleine, elle-même courtisane et très grande dame. Vig., Dic. B, art. *Bérénice :* « Princesse juive, dont les historiens latins ont célébré la beauté et aussi stigmatisé la conduite infâme... Elle n'était encore âgée que de dix ans [1] et déjà sa réputation était telle, qu'à la mort de son père (44 ap. J.-C.) la populace de Césarée traîna ses statues dans les mauvais lieux (Josèphe, *Ant. Jud.*, XX, IX, 1). Bérénice fut d'abord fiancée, quelques-uns disent mariée, au neveu de Philon, fils d'Alexandre Lysimaque, alabarque d'Alexandrie (*Ant. Jud.*, XIX, V, 1). Elle épousa le frère de son père, Hérode, roi de Chalcis... A la mort de son mari, elle était âgée de vingt et un ans et dans tout l'éclat de sa beauté. Son frère, Agrippa, ayant succédé à Hérode de Chalcis, elle vécut avec lui dans une intimité telle, qu'elle donna lieu aux soupçons les plus fâcheux (*Ant. Jud.*, XX, VII, 3). Pour les dissiper, elle épousa Polémon, roi de Cilicie, qui afin de devenir son époux s'était fait circoncire. Mais bientôt elle l'abandonna afin de revenir habiter avec son frère Agrippa... Pendant et après la guerre de l'indépendance juive, Bérénice suivit la fortune de son frère ; elle s'attacha au parti des Romains et chercha à leur gagner des partisans. Les historiens affirment même que par des présents elle gagna la faveur du vieux Vespasien (Tacite, *Hist.*, II, 81) et qu'elle conquit le cœur de Titus (Suétone, *Tit.*, VII). Après la prise de Jérusalem, Bérénice et son frère s'associèrent au triomphe des Romains. En l'an 75, elle accompagna Agrippa à Rome, où Titus la logea dans son propre palais. On croyait qu'il allait l'épouser, mais l'indignation publique fut telle, les allusions au passé de Bérénice devinrent si fréquentes (Juvénal, *Satires*, VI, 155-160 ; Dion Cassius, LXVI, 15) que Vespasien ordonna le renvoi de Bérénice. Titus se soumit et, dit Suétone (*Titus*, VII), "invitus, invitam dimisit". Elle retourna habiter Tibériade avec son

1. Peut-être y a-t-il une erreur de calcul. D'autres disent seize ans. Mais peu importe.

frère Agrippa... On a retrouvé l'inscription grecque du socle d'une statue qui avait été élevée à Athènes, à Bérénice... » On voit l'intérêt de la vie de cette femme, de quelques années plus jeune que Marie-Madeleine, née et grandie dans le même milieu qu'elle : ici et là sont joints le haut rang social, l'hellénisme et la débauche. J'ajoute sur épreuves la référence au livre si intéressant d'Emile Mireaux, *La Reine Bérénice* (Albin Michel), que je viens seulement de lire.

8 — Je suppose que Jean-Baptiste fut transporté de Machéronte à Tibériade et que sa mort eut lieu à Tibériade. Les Evangiles ne précisent ni le lieu de sa prison, ni le lieu de sa mort. C'est l'historien Josèphe qui nous dit que Jean a été emprisonné et exécuté à Machéronte. Machéronte étant une forteresse sur les bords de la mer Morte et près de l'endroit où Jean baptisait, il est vraisemblable en effet qu'elle fut la première prison de Jean. Qu'il y ait eu par la suite un transfert du prisonnier, importait peu à l'histoire. L'essentiel était que Jean avait été emprisonné et ensuite décapité. C'est ce que dit Josèphe en insistant de son point de vue sur les raisons politiques de cette affaire. Comme les Evangélistes ne précisent pas, la solution normale serait de s'en tenir à ce que dit Josèphe.

Cependant, les Evangélistes sont plus près des faits que Josèphe et ils donnent plusieurs indications qui m'ont suggéré que Jean avait été transféré de Machéronte à Tibériade. D'abord, il semble bien que la cour d'Hérode était sur les lieux mêmes et de l'emprisonnement et de l'exécution du Baptiste. Marc note qu'Hérode écoutait volontiers Jean et qu'il avait des conversations avec lui (VI, 20). Ensuite, Marc et Matthieu, qui racontent les circonstances de l'exécution, ne marquent aucun délai entre le moment où la tête du Baptiste est demandée par Salomé et le moment où elle lui est portée. Jean était donc à portée de main. Il est vrai que la cour d'Hérode pouvait être en ce moment à Machéronte, qui était à la fois une forteresse et un palais. Mais Marc note (VI, 21) qu'au banquet donné par Hérode figuraient « les principaux de la Galilée », invités pour la circonstance de l'anniversaire du Tétrarque. Cela me semble une raison suffisante de situer la scène en Galilée.

D'ailleurs, quelle que soit la solution de ce problème particulier, cette question de géographie a peu d'importance dans l'ensemble de mon développement.

9 — Le récit de l'exécution du Baptiste se trouve dans Matthieu XIV, 6-12 et Marc VI, 21-29. Il est remarquable que Luc

qui s'intéresse tellement et à Hérode et au Baptiste ne raconte pas l'exécution de ce dernier. Est-on là en présence d'une de ces « cachotteries » coutumières aux Synoptiques ? Car enfin Luc, qui est seul à nommer Jeanne, femme de Chuza, intendant d'Hérode, a l'air particulièrement bien placé pour savoir ce qui s'est passé dans cette Cour de Tibériade. Et peut-être qu'en effet il le savait trop bien et que par délicatesse envers Marie-Madeleine et Jeanne, il n'a pas voulu raconter un fait auquel elles ont peut-être été mêlées. Peut-être aussi pour ménager la mémoire d'une princesse qui avait été leur amie. Les Evangélistes ne sont pas des goujats.

11 — Il y a plusieurs possibilités, pour Marie-Madeleine, d'avoir été en rapports indirects avec le Christ. J'ai retenu celle de Jeanne, femme de Chuza. Mais il y aurait aussi celle de cet officier de la cour d'Hérode, qui avait un enfant malade à Capharnaüm et qui, apprenant que Jésus était de nouveau en Galilée, après un voyage à Jérusalem, vint le trouver à Cana et lui demanda la guérison de son enfant. Jésus guérit cet enfant à distance, ce qui donne aussi une vraisemblance à ce que Marie-Madeleine ait été guérie à distance, et sans avoir encore rencontré le Christ : Jean IV, 46 sq.

13 — Quand je parle des Pharisiens comme d'un élément de résistance, c'est d'une manière très générale que j'entends ce mot. En réalité, les « résistants » par excellence étaient, non les Pharisiens, mais les « zélotes » qui allaient jusqu'au terrorisme. Mais si les Pharisiens s'accommodaient de la puissance de Rome, c'était par un opportunisme immédiat. Ils n'en maintenaient pas moins l'espérance que l'extrême fidélité aux traditions nationales finirait par mériter un jour à Israël la libération totale et la domination sur l'univers. Et c'est cette espérance temporelle que le Christ n'a pas voulu endosser.

15 — Matthieu XI, 2-19, et surtout Luc VII.
Voy. aussi Isaïe XXIX, 18 sq. ; XXXV, 5 sq. ; LXI, 1 et XXVI, 19.

16 — Luc VII, 35 : « Et tous les enfants de la Sagesse lui ont donné raison. » Ce verset de Luc se rapporte, à mon sens, encore plus à ce qui suit (l'onction de la pécheresse) qu'à ce qui précède (l'éloge de Jean). Il est pour moi la clef de voûte qui soutient toute l'architecture du personnage de Marie-Madeleine. Voici ci-contre un tableau qui monte à quel point, dans toute cette séquence VII et suivants, Luc est près de Paul

I Cor. ; I, 18-31. Mais alors si ce parallélisme entre Luc et Paul est réel, on voit comment Marie-Madeleine joue dans la recherche grecque pour la Sagesse le même rôle que Jean-Baptiste a joué dans la tradition prophétique juive en attente du Messie. C'est un des thèmes fondamentaux de mon récit.

Dans le tableau suivant, je donne quelques indications sur ce parallélisme entre le texte de Paul et l'Evangile de Luc. Pour qu'on s'y reconnaisse mieux, je laisse le texte de Paul en latin, n'utilisant que le français pour ce qui concerne Luc :

| | |
|---|---|
| | « Quia non cognovit mundus per *Sapientiam* Deum, placuit Deo per *stultitiam* praedicationis salvos facere *credentes.* » |
| JUDÆI SIGNA PETUNT | GRÆCI SAPIENTIAM QUÆRUNT. |
| Résurrection du fils de la veuve de Naïm : « Un grand Prophète a été suscité parmi nous, et Dieu a visité son peuple ! » Message de Jean-Baptiste : « Es-tu Celui qui vient ? » Nombreux miracles et citation messianique d'Isaïe sur les miracles. | Guérison du serviteur du Centurion. L'accent est mis sur la foi de ce païen : « Je n'ai pas trouvé autant de foi chez personne en Israël. » |
| BIENHEUREUX POUR QUI JE NE SUIS PAS UN SCANDALE. | TOUS LES ENFANTS DE LA SAGESSE LUI ONT RENDU HOMMAGE. |
| | Hommage solennel de la pécheresse prosternée aux pieds du Christ.<br><br>Les assistantes de la Parole, parmi elles, Marie-Madeleine. |

| | | |
|---|---|---|
| JUDÆIS quidem SCANDALUM, | Nos autem Prædicamus CHRISTUM crucifixum : | GENTIBUS autem STULTITIAM |
| JUDÆIS<br>(DEI) VIRTUTEM | Ipsis autem VOCATIS, atque CHRISTUM DEI et | GRÆCIS<br>DEI SAPIENTIAM |
| | VIDETE ENIM VOCATIONEM VESTRAM<br><br>« Voyez comment vous écoutez. »<br><br>Parabole du Semeur : « La Semence est la Parole de Dieu. »<br><br>VERBUM enim CRUCIS. | |
| | | « Ma mère et mes frères sont ceux qui écoutent la Parole de Dieu, et la mettent en pratique. »<br><br>Marie était assise aux pieds du Seigneur, et elle écoutait sa Parole. |
| Quod INFIRMUM est Dei FORTIUS est hominibus. | | Quod STULTUM est Dei, SAPIENTIUS est hominibus. |
| « Il faut que le Fils de l'homme souffre beaucoup et qu'il soit mis à mort, et qu'il ressuscite le troisième jour... Si quelqu'un veut faire route derrière moi, qu'il se | | (Marc : en parlant de Jésus, ses frères : « Il est fou à lier ! »)<br><br>Luc : « Que sert à un homme d'avoir gagné le monde entier, s'il s'est perdu lui-même |

renonce, qu'il prenne
sa croix chaque jour,
et qu'il me suive. »

et s'il a été condamné. »

BIENHEUREUX QUI ÉCOUTENT LA PAROLE DE DIEU et la mettent en pratique.

(Marc et Matthieu) : « En vérité, je vous le dis, partout où sera prêché l'Evangile, dans le monde entier, on parlera aussi de ce qu'elle a fait en souvenir d'elle. » (Il s'agit de Marie-Madeleine.)

17 — Luc est seul à rapporter cette admirable scène, mais non pas seul à la connaître, car Jean s'y réfère explicitement. Luc VIII, 36-50. Luc dit *une femme* et la question de l'identité de cette femme est la question historique fondamentale de ce livre. A ce point, je voudrais relever seulement dans le récit de Luc tout ce qui permet de définir cette femme.

D'abord une *pécheresse dans la Cité.* L'expression a scandalisé et on a tenté de l'atténuer. J'ai dit comment je l'entendais dans le cas présent et qu'il fallait la prendre au sens fort d'une courtisane. La scène entière perdrait beaucoup de son sens autrement. Lag. qui prend l'expression au sens fort d'une prostituée semble en faire un argument contre l'identité de cette femme avec Marie (de Béthanie) : « Le texte du Nouveau Testament, dit-il, n'offre aucune raison d'identifier *la pécheresse* de Galilée avec la *très honorée* Marie de Béthanie. » (Ev. J.-C., p. 160.) J'ai dit précédemment les raisons textuelles que je crois au contraire décisives d'identifier les deux femmes. Je voudrais remarquer ici seulement que, dans la perspective sociale de l'époque, il n'y a aucune opposition entre le caractère de pécheresse publique et celui d'une femme très honorée. Mais si on ne fait pas l'effort d'imaginer ce qu'était une fille de haut rang au temps du Christ et ce que pouvait être une courtisane de ce temps, la pente est facile de conclure qu'on ne pouvait être à la fois l'une et l'autre. Voilà pourquoi j'ai parlé si longuement de Phryné et de Bérénice. De quel droit donnerait-on à cette expression « pécheresse dans la Cité » le sens socialement dégradé qu'il a pris — en grande partie sous l'influence du christianisme — dans notre société moderne occidentale ? Encore ne faut-il pas exagérer. Même dans nos sociétés dites chrétiennes, l'honneur du monde va rarement à la vertu, mais plus souvent à l'argent, à la puissance, et, quand il s'agit d'une femme, à la beauté. Il y a des grandes dames et considérées comme telles, qui sont des pécheresses publiques. Elles y mettent le style, c'est tout. Mais tout nous prouve que la pécheresse de Luc avait grand style, et justement le même style que « la très honorée Marie de Béthanie ».

Précisément, si Luc ne dit pas le nom de cette femme, il n'en marque pas moins son style. On peut découvrir l'identité de la même femme sous trois portraits par trois peintres différents. C'est ce qui se passe ici. Par exemple, ce qui a frappé non seulement Luc, mais le Christ lui-même, c'est l'attitude de cette femme prosternée et comme attachée *aux pieds du Sauveur*. Ce trait est mis dans un relief extraordinaire dans le récit de Luc où les pieds du Christ ne sont pas mentionnés moins de sept fois. Cette répétition de sept fois était sans doute très importante pour Luc et nous verrons que Jean est entré dans le jeu. C'est nous qui sommes des barbares et ne reconnaissons pas les signes. Cette mention persistante est l'équivalent d'une désignation très personnelle, par antonomase, un peu comme on dit de tels tableaux : la femme AU TURBAN, l'homme à L'OREILLE COUPEE, le garçon AU GILET ROUGE. La pécheresse de Luc est par excellence : la femme AUX PIEDS DU CHRIST.

Il est arrivé à d'autres femmes de se prosterner aux pieds du Christ, mais ce n'est pas aussi typique pour elles. Mais alors il est bien remarquable qu'à Béthanie c'est Marie et non pas Marthe qui reste AUX PIEDS DE JESUS, qu'au moment de la résurrection de Lazare, c'est Marie et non pas Marthe qui se jette AUX PIEDS DE JESUS, qu'au moment de la seconde onction et pour mieux désigner cette femme Jean parle de l'onction sur les PIEDS DE JESUS, alors que Matthieu et Marc n'ont parlé que de la tête, qu'au moment de la résurrection du Christ, c'est encore Marie-Madeleine qui la première se jette AUX PIEDS DE JESUS. Un artiste sait qu'il y a d'autres manières de désigner un personnage que par son nom. Et précisément Luc est bien typique d'un certain art.

Quelques mots sur le vase de parfum. Après tant de dévaluations en tant de monnaies différentes, il est difficile de calculer son prix. A la seconde onction à Béthanie, Judas, qui avait un sens de l'argent assez judicieux, évalue le parfum répandu sur le Christ à trois cents deniers. Au moment de la première multiplication des pains et des poissons, sur les bords du lac de Génésareth, il est question de deux cents deniers. La foule qui entoure Jésus est évaluée à plus de cinq mille personnes. Jésus commande aux disciples de donner à cette foule un repas. Philippe répond que deux cents deniers n'y suffiraient pas. Aussi frugal qu'on suppose ce repas, il faut donc compter qu'il coûterait actuellement de deux à trois mille dollars. Un calcul très simple nous permet de conclure que la valeur réelle du parfum répandu par Marie à Béthanie serait actuellement de trois à quatre mille dollars. Quel style dans cette amoureuse prodigalité ! Il existait des parfums liturgiques, réservés au culte de Dieu, qu'il était interdit d'utiliser dans une circonstance profane, sous peine de « retranchement ». (Cf. Ex. XXX, 34-38 ; XXXI, 11 ; XXXV, 15-28 ; XXXVII, 29, etc.)

Une question extrêmement importante se pose au sujet de la première onction, c'est celle de sa signification par sa place dans l'Evangile de Luc. J'ai rattaché explicitement cet épisode au verset précédent sur la Sagesse glorifiée par tous ses enfants. Lag. le fait non moins explicitement. La raison en est que Luc est un véritable écrivain, c'est-à-dire un artiste dans l'art d'écrire, qu'il s'est proposé un ordre dans le récit des faits et qu'il a ce que Lag. appelle « le souci du développement psychologique historique » (Cf. in Luc XXXVII). Voici comment Lag. caractérise cet ordre : « *Chatexès* s'applique directement à la composition de Luc, et c'est en cela sans doute qu'il voyait un de ses avantages sur les ouvrages précédents. Le mot est propre à Luc dans le N. T. D'après son usage même, comme d'après l'étymologie, il n'indique pas nécessairement un ordre chronologique. C'est surtout l'*enchaînement de cause à effet, une histoire qui se tient, dont les débuts font pressentir le terme, où tout est cohérent, où chaque chose, chaque personne est à sa place.* D'ailleurs, la place naturelle des événements est l'ordre chronologique. C'est afin de pouvoir les présenter dans leur ordre que Luc en a remonté le cours. Mais à supposer qu'il se soit cru obligé à un ordre certain, il a pu, en cas de doute, *trancher la question de la suite des faits d'après la logique des choses,* et peut-être même a-t-il pensé que la meilleure manière d'écrire avec suite, c'était de *mettre en vedette dès le début certains faits qui dominaient et pour ainsi dire commandaient les autres.* » Si l'on se rapporte au tableau que j'ai introduit précédemment sur le parallélisme entre Luc et Paul, on verra combien toute cette section de Luc VII et sq. illustre ces principes de Lag. Dans Luc tout est voulu : le parallélisme entre la pécheresse et Jean, tournant autour du verset-charnière sur la Sagesse, la Béatitude qui conclut dans la ligne de l'exigence juive (« Bienheureux pour qui je ne suis pas un objet de scandale »), et la Béatitude qui conclut dans la ligne de la recherche grecque : Sagesse-Foi-Parole (« Bienheureux qui écoute la Parole de Dieu... »). Jean est ministre de l'exigence juive, comme Marie-Madeleine est ministre de la recherche grecque. Lag. C. in Luc, pp. XXXVI-XXXVII : *Comment est reçue la parole de Dieu* (VII, 1 ; VIII, 21). « Grave question qui devait préoccuper celui qui a écrit : « *Crurent* tous ceux qui étaient ordonnés à la vie éternelle » (Act. XIII, 48). Cette pensée domine toute cette section, avec des épisodes qui s'y ramènent aisément. Le centurion est plus prompt à la foi qu'Israël, le Baptiste envoie demander ce qu'il faut penser et Jésus dit assez clairement qu'on doit le reconnaître pour celui qu'on attendait. Sur quoi il expose les mauvaises dispositions de cette génération, envers le double message, celui de Jean et le sien. *La pécheresse repentante chez le Pharisien Simon justifie la Sagesse de Dieu et aussi les saintes femmes, auxiliatrices de la Parole.* Enfin la parabole du Semeur, classant les auditeurs par rapport à la Parole, est l'occasion d'une vue sur les desseins de Dieu, d'une indication sur l'économie historique du mystère, et tout se termine par cette déclaration de Jésus que ses vrais parents sont ceux qui écoutent la parole et la mettent en pratique. *L'épisode de la pécheresse est si fortement rattaché par les idées à ce qui précède qu'on peut douter qu'il soit à sa place chronologique. Le message du Baptiste en prison ne pouvait être renvoyé trop loin...* » Je vois aussi une autre raison. Luc, qui ne racontera pas la mort du Baptiste, parle pour la dernière fois de lui vivant et par association il rattache l'épisode de la pécheresse comme si Jean avait quelque relation de causalité avec cet épisode, ce que je crois.

Dans le commentaire du texte lui-même, Lag. écrit de l'épisode de la pécheresse : « Cet épisode est admirablement placé en cet endroit, après ce que Jésus vient de dire des dispositions des Pharisiens et de la masse du peuple, moins soucieuse d'observances légales, mais plus docile aux impulsions divines. Parmi cette masse, Luc a nommé *les Publicains* (VII, 29), *mais non les femmes de mauvaise vie, comme Matthieu dans le passage parallèle* (XXI, 32). *Il se réservait d'offrir ici l'exemple de la conversion d'une pécheresse.* » Ce qui est tout à fait remarquable dans le passage de Matthieu, que Lag. appelle « parallèle », c'est qu'à propos des « Publicains et des courtisanes », il est encore question de Jean-Baptiste, ce qui me confirme que la conversion de la pécheresse est rattachée à Jean-Baptiste plus que par un « lien d'idées », mais par une véritable relation d'effet à cause. Ce qui s'explique au mieux si

Marie-Madeleine a rencontré le Baptiste à la Cour même d'Hérode. Voici le passage de Matthieu : « Jésus leur dit : "En vérité, je vous dis que les Publicains et les courtisanes vous précèdent dans le Royaume de Dieu. Car Jean est venu à vous dans la voie de la justice et vous n'avez pas cru en lui, tandis que les Publicains et les courtisanes ont cru en lui..." »

Je voudrais maintenant analyser le parallélisme entre la conversion de la pécheresse de Luc et celles des Publicains.

1) Dans le passage de Matthieu que je viens de citer, il s'agit véritablement de courtisanes et de prostituées, cela est une confirmation qu'il faut donner à l'expression de Luc « pécheresse dans la Cité » le sens fort de courtisane et de prostituée.

2) Nous avons dans les trois Synoptiques le récit de la conversion d'un Publicain, celle de l'Apôtre Matthieu, de même que nous avons dans Luc le récit de la conversion d'une courtisane. Le parallélisme entre ces deux situations devient des plus intéressants pour éclairer le cas de Marie-Madeleine. Pour les chrétiens, la profession de publicain n'était guère plus honorable que celle de courtisane. Marc et Luc ont la discrétion de nommer ce Publicain Lévi, premier nom de Matthieu, et non pas Matthieu, Matthieu, lui, dans son récit, se nomme par son nom d'Apôtre, Matthieu : il en avait le droit, c'est de lui qu'il s'agissait. Mais si nous n'avions que les récits de Marc et de Luc, nous ne saurions pas qu'il s'agissait d'un Apôtre. D'autant plus que lorsqu'ils font la liste officielle des Apôtres, Marc et Luc ne nomment pas Lévi mais bien Matthieu, sans aucune allusion ni à sa conversion, ni à sa profession de publicain, ni à son nom de Lévi. Tandis que pour qu'il n'y ait aucune erreur possible, quand il fait la liste des Apôtres, Matthieu se nomme lui-même : Matthieu le Publicain. Lag. parle très bien de cela : « Les chrétiens savaient que Jésus avait appelé un Publicain et s'inclinaient. Mais par respect pour les Apôtres, *ils préféraient ne pas désigner trop ouvertement celui qui avait été l'objet de cette miséricorde.* C'est pour cela, pense-t-on, que s. Marc et s. Luc ont parlé de Lévi, nom inconnu dans le catalogue des Douze Apôtres. Il a fallu l'humilité reconnaissante du premier Evangéliste pour donner ici à Lévi le nom de Matthieu, en ajoutant dans le catalogue officiel des Apôtres sa qualité officielle de publicain... Qu'il est donc difficile, même aux chrétiens, de comprendre que l'appel de Jésus est le plus noble de tous les titres ! » Ces paroles sont d'or. Comment Lag. ne voit-il pas qu'elles s'appliquent très exactement au cas de la pécheresse dans Luc ? Il est probable que si Marie-Madeleine avait écrit un Evangile, elle se fût nommée aussi franchement

que le fit Matthieu. Mais nous voyons que ce n'était pas dans le genre de Luc de le faire.

Nous sommes autorisés en tout cas de penser que l'anonymat de la pécheresse n'exclut pas du tout qu'elle ait été parmi les femmes qui ont suivi Jésus de plus près et qu'elle ait pu être Marie-Madeleine. Luc a agi envers elle exactement comme il a agi pour Matthieu : il raconte sa conversion sans le nommer (sous son vrai nom), et au chapitre suivant il dit son nom sans faire la référence. Il raconte de même la conversion de la pécheresse, et au chapitre suivant il dit son nom, Marie-Madeleine, sans faire lui-même la référence. Il reste que Jean a fait cette référence avec Marie (de Béthanie), parce que, au moment où il écrivait, tous les disciples du Christ étant morts, il pouvait et devait la faire.

Dans le cas de l'épisode de la pécheresse, l'ordre de Luc a encore une autre portée. Nous avons vu Lag. rattacher cet épisode à un ensemble sur la parole de Dieu, cette pécheresse est très étroitement rattachée par Luc au ministère de la parole. Dès lors Luc pouvait se dispenser de raconter l'onction de Béthanie où la destinée de Marie est solennellement liée par le Christ au destin de l'Evangile et de la parole de Dieu dans le monde : l'ordre de Luc, à ce point précis, a la même signification que la prophétie du Christ. Il y a là un procédé de composition analogue à celui de Jean, qui ne raconte pas l'institution de l'Eucharistie, non seulement parce que les Synoptiques l'ont racontée très bien, mais encore parce que lui-même, au chapitre VI, a développé largement et solennellement le thème de la chair et du sang du Christ devenus nourriture et breuvage. Luc ne raconte pas non plus l'onction de Béthanie, liée par Jésus à la prédication de l'Evangile, non seulement parce qu'elle a été racontée par Matthieu et Marc, mais parce que lui-même, en racontant la première onction, a eu soin de marquer fortement, par la place où il insère cet épisode, que dès le début Marie est entrée dans le ministère de la parole.

18 — Vig. Dic. B, article SADDUCEENS, col. 1342 : « *Sur les questions rituelles. C'était là une source d'interminables* discussions entre les Pharisiens et les Sadducéens, parce que ces derniers se refusaient à tenir pour obligatoires les règles de pureté légale que les premiers avaient multipliées à plaisir. Ils se moquaient même des minuties et des inconséquences dans lesquelles tombaient les interprètes de la légalité... Les Pharisiens déclaraient impures les Sadducéennes, “si elles suivaient le chemin de leurs pères”. » (*Nidda* IV, 2.)

La pureté légale a joué un rôle immense dans toutes les religions primitives. Le christianisme a aussi une conception de la pureté, mais cette conception est profondément différente de la pureté légale. Presque toutes les religions primitives ont lié l'idée de pureté avec celle d'abstinence et l'idée d'impureté avec celle de contact. Chez les anciens Arabes : « Naturellement, tout contact risque d'amener une impureté : le mot *s'approcher* est devenu synonyme d'*être impur*, et par contraste *être écarté* appartient à la même racine qu'*être pur* » (Lag., *Religions sémitiques*, ch. IV, p. 145). Dans le même chapitre, Lag. cite ce mot de W.R. Smith : « La sainteté est essentiellement une restriction du droit de l'homme dans le libre usage des choses. » Lag. ajoute : « Il faut aussi tenir compte de la personne. *Plus elle est élevée dans la hiérarchie, plus elle est séquestrée, plus il importe qu'elle évite les contacts impurs. Certaines situations obligent à des précautions infinies.* » Et encore : « On pourrait presque dire que la pureté s'en tient à ce cachet négatif : *on évite, on fuit, on s'abstient, on se préserve, on se met en garde.* Tout cela dans l'intérêt d'une personne ou de la société entière : jamais par égard pour le divin. *On fuit, donc on a peur, toujours, dans toutes les circonstances.* On ne fuit le sacré que lorsqu'on n'est pas dans les dispositions convenables. En soi on le considère comme une source de bénédictions. Dans le langage scolastique, on dirait que l'impureté est *vitandum per se,* le sacré *vitandum per accidens.* » (P. 151.)

Je cite ces quelques textes sans ordre. Ils suffisent pour indiquer le sens sociologique de la pureté des anciens et marquer la révolution profonde opérée par le Christ dans ce domaine. Le Christ ne renonce pas à la pureté, il la met sur un autre plan. Il la vide de son contenu psychologique, la peur, qu'il remplace par l'amour. On pourra désormais s'approcher et rester pur, ce qui était contradictoire dans les termes.

Plus la personnalité était haute et sacrée, plus elle était séquestrée. Le Christ se pose à la fois comme la personnalité la plus haute, la plus sacrée, puisqu'il est Fils de Dieu et que son Père et lui ne font qu'un, et d'autre part il se donne comme la personnalité la plus communicative et la plus abordable. C'est aussi le sens de cette onction par la pécheresse.

Par peur, la pureté sémitique allait dans le sens de la plus grande séparation. Par curiosité de l'intelligence, la Sagesse grecque allait dans le sens de la plus grande compréhension — *com-prehendere,* prendre avec soi. Jésus veut tout prendre avec lui, en le purifiant. Il comprend tout par amour.

C'est là que le mot de s. Paul, une fois de plus, s'harmonise si parfaitement avec Luc : « Usez du monde, comme n'en usant pas. » La pureté devient tout intérieure et réside d'abord, non pas tellement dans l'abstinence totale que dans une certaine manière d'user de tout, en toute pauvreté intérieure, « comme n'en usant pas », mais en user. Il faut savoir désormais se détacher de tout, en aimant tout dans l'ordre de la charité, et en usant de toutes choses selon cet ordre. « Infiniment respectueux de tout ce qui est », dira Catherine de Sienne. La pauvreté évangélique pose sur toutes choses un regard sans peur et sans reproche. Il faut savoir aimer et respecter même ce dont on s'abstient. Et il ne faut jamais s'abstenir que par un plus grand amour. C'est la dialectique même de l'approche et de l'éloignement qui est ici profondément différente et même inverse. Dans le christianisme, on n'est pur que par proximité avec Dieu, principe immédiat de tout ce qui est. Le vrai moyen d'aborder les créatures, de les toucher en leur profondeur, c'est de les aimer en Dieu. Nul n'est plus proche des êtres qu'un saint. François d'Assise était le prochain de toute créature par sa pureté même et son amour de Dieu par-dessus toutes choses.

Un des traits les plus généraux de la religion du Christ est d'avoir remplacé la peur par l'amour. Du coup, « pureté » devient synonyme de s'approcher.

20 — « Que nous croyions qu'un être participe à une vie inconnue où son amour nous ferait pénétrer, c'est, de tout ce qu'exige l'amour pour naître, ce à quoi il tient le plus, et qui lui fait faire bon marché du reste. Même les femmes qui prétendent ne juger un homme que sur son physique voient en ce physique l'émanation d'une vie spéciale. » (Marcel Proust, *Du côté de chez Swann*, p. 147.)

21 — Dans Luc, l'épisode de la pécheresse pardonnée est étroitement encadré d'une part par l'éloge du Baptiste, d'autre part par l'énumération des femmes qui suivaient Jésus. Cette énumération est assez solennelle, un peu comme celle des Douze Apôtres, bien qu'il n'y ait que trois femmes nommées (Luc VIII, 1-3). La femme qui est nommée en premier et qui semble donc avoir eu le plus d'importance (comme Pierre parmi les Apôtres), c'est Marie-Madeleine. Tout de suite après vient Jeanne, femme de Chuza, intendant ou Premier ministre d'Hérode. Ensuite Suzanne, dont nous ne savons rien d'autre. Analysons ce texte d'un peu près. Marie-Madeleine est nommée là pour la première fois dans l'Evangile. Elle est placée à côté des Douze, c'est dire son importance auprès de Jésus. Elle est placée avant la femme de Chuza, c'est dire son importance sociale. Ces

quelques lignes nous apprennent plusieurs choses à retenir soigneusement :

1) La petite troupe de femmes qui suivaient Jésus s'est recrutée, au moins en la personne de Jeanne, dans la Cour d'Hérode le Tétrarque. Or en ce temps-là l'importance sociale d'une personne se mesurait par la proximité de cette personne aux princes. Si Jeanne était à la cour d'Hérode et que d'autre part Marie-Madeleine était plus importante socialement que Jeanne, je trouve très probable que Marie-Madeleine ait été elle-même à la cour d'Hérode et dans un rang plus élevé que la femme du Premier ministre.

2) Cette Marie s'appelle Magdeleine, visiblement parce qu'elle est originaire de Magdala ou parce qu'elle y vivait, exactement comme on disait Jésus de Nazareth. Or Magdala était dans la banlieue immédiate de Tibériade, capitale d'Hérode le-Tétrarque. Dès lors, il devient plus que probable que Marie-Madeleine a fait partie de la Cour d'Hérode. Et à cette époque les jolies femmes d'une Cour orientale étaient plutôt de mœurs très faciles, témoin la princesse Bérénice.

3) Marie-Madeleine a été possédée par sept démons. C'est vrai que la possession diabolique n'est pas forcément le signe d'un état de péché. Mais l'habitude du péché et surtout une certaine perversité dans cette habitude favorisent bien la possession diabolique. Il est infiniment plus fréquent de voir de grands pécheurs, plutôt que des saints, possédés du démon. La possession diabolique accompagnerait assez bien un état de « pécheresse dans la Cité ». Jérôme, en tout cas, était d'avis que Marie-Madeleine avait été une grande pécheresse.

4) De Marie-Madeleine, de Jeanne, de Suzanne et des autres, Luc dit en général qu'elles avaient été délivrées d'esprits malins et guéries de maladies. Il n'y a pas de raison de ne pas entendre cela en premier lieu de Marie-Madeleine. Mais ces deux faits, *expulsion de démons et guérison de maladies*, mentionnés ici explicitement par Luc au sujet de Marie-Madeleine et des autres femmes, reviennent non moins explicitement et d'une manière assez étrange sous la plume du même Luc, et cette fois-ci au sujet d'Hérode Antipas (Luc XIII, 31). Hérode voulait tuer le Christ. Il avait donc des choses à lui reprocher. Qu'est-ce qu'Hérode pouvait bien avoir à reprocher au Christ ? Nous l'apprenons par la réponse de Jésus, comme on peut connaître un acte d'accusation par la plaidoirie qui le réfute. Or dans sa réponse le Christ en effet mentionne ces deux mêmes faits (expulsion de démons, guérison de maladies). Je conclus qu'il est très probable qu'en les guérissant miraculeusement et en chassant leurs démons, le Christ avait enlevé à la Cour d'Hérode

plusieurs femmes et des plus brillantes, et en premier lieu Marie-Madeleine et Jeanne. Hérode en était très en colère et cela se comprend, sans se justifier. Une autre fois encore, Luc marque combien Hérode a été frappé de ce double pouvoir de Jésus : chasser les démons et guérir les maladies (IX, 1-9).

Cette probabilité de la présence de Marie-Madeleine à la Cour d'Hérode explique bien des choses dans l'Evangile, celui de Luc en particulier. Cela explique par exemple que par association, juste après avoir parlé de Jean-Baptiste, Luc parle aussitôt de la pécheresse de Galilée et nomme ensuite Marie-Madeleine (comme il nommera Matthieu après avoir raconté la conversion de « Lévi »). On a l'impression d'un lien mystérieux mais profond entre le Baptiste et Marie-Madeleine. Ce lien a existé et dans la tragédie si Marie-Madeleine était à la Cour d'Hérode juste au moment de la mort de Jean. Cf. note 9.

23 — Luc X, 38-42. Le jeu de cache-cache continue. De même qu'il ne nous a pas nommé la pécheresse de Galilée, Luc ne nomme pas davantage ici l'endroit. Mais il nomme Marthe et Marie. Aucune mention de leur frère Lazare. C'est par Jean que nous saurons que Lazare existe et que l'endroit s'appelle Béthanie. C'est dans Jean seulement que cette famille et cet endroit prendront toute leur importance, une importance capitale dans le destin temporel du Christ. Pourquoi, dans les Synoptiques, toutes ces cachotteries ? Il est évident que les Synoptiques ne veulent pas parler clairement à ce sujet et que leurs omissions sont volontaires. De Marie, aucune précision, sinon qu'elle est sœur de Marthe et qu'elle est la femme assise AUX PIEDS DU CHRIST. A propos de la résurrection de Lazare, je discuterai le sens de ces omissions.

26 — Cf. Vig. Dic. B, article EXCOMMUNICATION.

30 — Jean XI, 1-44. Nous nous trouvons ici devant la plus monumentale de ce que j'ai appelé les cachotteries des Synoptiques. Dans les trois premiers Evangiles, pas un mot de la résurrection de Lazare, pas un mot de Lazare lui-même. L'importance du miracle est telle pourtant, qu'on est obligé de conclure que si les Synoptiques n'en ont pas parlé, c'est qu'ils ne voulaient pas en parler pour des raisons à eux, que nous ne pouvons que conjecturer, mais extrêmement graves. Lag. toujours si prudent, si près des faits, exprime deux de ces conjectures pour expliquer ce vide des Synoptiques. La première est que Pierre était absent, or les Synoptiques dépendent de la catéchèse de Pierre. Cette hypothèse ne me semble pas très valable. Absent

ou pas, Pierre n'a pas pu ignorer un miracle qui a été une des causes déterminantes du triomphe de Jésus le dimanche des Rameaux, et ensuite de sa Passion. Or les Synoptiques racontent le triomphe et bien entendu la Passion.

La seconde conjecture de Lag. est classique et me paraît très solide. « Il semble bien aussi que les premiers Evangélistes aient évité de compromettre la famille de Béthanie, que le Sanhédrin tenait dans ses mains. Saint Luc a parlé de Marthe et de Marie, mais sans dire le nom de leur village ; saint Matthieu et saint Marc ont raconté l'onction de Béthanie, sans dire le nom des hôtes de Jésus. Le dessein de saint Jean de suppléer à ces prétéritions est tout à fait clair. Il met, comme on dit, les points sur les i, sans affectation, mais avec assurance, jusque dans les détails. » (Ev. J.-C., p. 409.) Ces deux points me paraissent tout à fait évidents et d'une extrême importance dans mon sujet :

1) La volonté arrêtée des Synoptiques de ne rien dire clairement au sujet de la famille de Béthanie ;

2) Le dessein de Jean de combler cette lacune.

Quelles que soient les raisons du silence des Synoptiques, nous n'avons aucun argument pour penser qu'elles ne sont pas légitimes. Elles sont sûrement très graves. Le désir de ne pas compromettre la famille de Béthanie suffirait et serait même très émouvant. La prédication du Royaume de Dieu elle-même ne pouvait se faire au prix d'une dénonciation et les Evangélistes ne sont pas des indicateurs. De la mort de Jésus à la ruine de Jérusalem en 70, la primitive Eglise n'a guère cessé d'être persécutée par les Juifs. A Jérusalem, les premiers Chrétiens vivaient comme les membres d'une résistance à moitié clandestine. Tout pouvait s'y dire, mais on ne publiait que ce qui ne pouvait compromettre personne. La famille de Lazare était sans doute très menacée à cause même de l'importance de cette famille pour les premiers Chrétiens. Les Synoptiques ont pris le parti de n'en parler que le moins possible, de la manière la plus vague, pour ne pas provoquer les ennemis de l'Eglise. Alors on a des récits pleins de réticences, semblables aux récits de la radio de Londres pendant la guerre sur ce qui se passait en territoire occupé, semblables aussi à tous les récits qui sont actuellement publiés par des gens évadés de derrière le Rideau de Fer et qui ont laissé derrière eux de la famille. Au contraire, Jean, écrivant après la ruine de Jérusalem, n'était pas tenu aux mêmes précautions. Il pouvait mettre les points sur les i. Il l'a fait et bien fait.

Un savant allemand, Peter Ketter, a publié un livre sur la question de Marie-Madeleine et qui a été traduit en anglais sous le titre THE MAGDALENE QUESTION par Hugo C. Kœhler (Bruce Publishing Company, Milwaukee, 1935). Avec le langage plein d'autorité des hommes de science, il prétend prouver la distinction entre Marie (de Béthanie), Marie-Madeleine et la pécheresse de Luc. Il redonne les arguments que j'ai présentés ici ou là. Mais à ce point de mon récit, il donne un argument qui à première vue m'a fait grande impression. Si Marie (de Béthanie) avait été une pécheresse, dit-il en substance, jamais les Pharisiens n'eussent accepté de mettre les pieds dans sa maison, comme nous voyons qu'ils l'ont fait au moment de la mort de Lazare. Jean nous dit en effet que les « Juifs » étaient venus nombreux porter leurs condoléances aux deux sœurs, et ce qu'il entend par « Juifs », ce sont les pires ennemis du Christ, c'est-à-dire les Pharisiens. Cet argument m'a paru relativement solide, bien que l'expérience que je peux avoir de la vie durant l'occupation me prouve que, surtout dans la haute société, on peut être ennemis déclarés et ne pas cesser pour autant de se fréquenter. La vie est toujours moins logique que les positions idéologiques. Mais enfin il est vrai que les Pharisiens mettaient leur point d'honneur à ne pas frayer avec les « pécheurs » et aussi les personnes teintées d'hellénisme, comme était, dans mon hypothèse, Marie-Madeleine. Il ne faut pas pousser les choses trop loin, puisque nous voyons que les Pharisiens acceptaient de fréquenter Hérode. Mais enfin l'argument demeurait, sauf que lorsque Jean dit les « Juifs » il ne désigne pas tellement les Pharisiens que d'une manière générale les chefs du peuple, l'aristocratie juive, les Princes des Prêtres (dont beaucoup étaient Sadducéens) et les Docteurs de la Loi (dont beaucoup étaient en effet Pharisiens). Mais enfin, quand Jean dit les « Juifs », il ne parle pas que des Pharisiens. Et justement en regardant le texte de près, dans le cas présent il est évident que Jean désigne plutôt des membres de l'aristocratie juive qui n'étaient pas pharisiens, car, à la fin du récit, il dit que quelques-uns d'entre eux allèrent trouver les Pharisiens pour leur raconter le miracle de Béthanie (XI, 46). La famille de Béthanie, bien que très aristocratique, était donc boudée par les Pharisiens qui ne mettaient pas les pieds dans sa maison. Et ce qui se proposait comme un argument contre l'identité se trouve jouer en faveur de l'identité entre Marie (de Béthanie) et la pécheresse de Galilée. Pourquoi les Pharisiens ne mettaient-ils pas les pieds à Béthanie, alors que les autres membres de l'aristocratie juive y allaient volontiers ? Mais que penser de ces prétendus arguments qui se retournent, aussitôt qu'on les confronte aux textes ? Dans cette question de Marie-Madeleine, les exégètes ont souvent déployé avec éclat deux talents qui font la fortune des prestidigitateurs : le ton péremptoire et l'escamotage. Cela ne suffit pas pour faire de la bonne et solide exégèse.

38 — Il m'est arrivé en 1949 d'assister à un repas donné en l'honneur du Résident français, au Maroc. Il y avait 180 convives sous une immense tente. Il m'est impossible d'énumérer tous les plats qui se sont succédé. Je me souviens d'un défilé de soixante serviteurs, chacun portant sur sa tête un énorme plateau de cuivre, et sur chaque plateau un mouton entier. En plus des moutons, on avait tué 80 dindons et 200 poulets. Et pendant tout le repas, des danseuses dansaient et chantaient. Alors que les musulmans ne boivent pas de vin (en principe), il y avait du vin par courtoisie envers les Français. J'ai toujours pensé que le repas chez Simon le Lépreux devait avoir été une fête de ce genre.

39 — Matthieu XXVI, 6-13 — Marc XIV, 3-9 — Jean XII, 1-8. Lag. résume ainsi le problème historique des deux onctions du Christ par une femme (Ev. J.-C., pp. 159-160) : « De nos jours, la critique indépendante affirme que l'onction de la pécheresse est une autre version de l'onction de Béthanie. C'était aussi l'opinion de Clément d'Alexandrie, ou plutôt le résultat d'une confusion qui s'était faite dans sa mémoire. Plusieurs Pères ont été du même avis. Dès lors, la pécheresse n'est autre que Marie, sœur de Marthe et Lazare. Mais les deux onctions diffèrent par le lieu : l'une en Galilée, l'autre près de Jérusalem ; par le temps : l'une au début du ministère, l'autre huit jours avant la Passion ; elles diffèrent surtout par l'esprit : l'une aboutit au pardon, l'autre est un pressentiment de la sépulture. Dans les deux cas figure un Simon, mais ce nom était commun. »

Tous ces arguments pour la distinction des deux scènes me paraissent concluants. Mais ils ne font que renforcer à mon sens l'identité de Marie (de Béthanie) avec la pécheresse de Galilée. Jean XI, 2 nous dit que dans les deux cas la myrrophore est la même. Mais il y a aussi à cette identité un autre argument, d'ordre psychologique. Ce geste de l'onction par une femme, en public, au cours d'un repas, a tellement, du côté de la femme, le même style, la même solennité muette, le même caractère d'hommage et d'élégance, qu'il me semble impossible qu'il ait été le fait de deux femmes différentes. A qui fera-t-on croire qu'une femme, qui renonce définitivement à son plus beau chapeau si elle voit le même modèle sur la tête d'une autre femme, consentira à copier un tel geste ? Surtout qu'il s'agit ici d'une très grande dame. Il y a là une incohérence psychologique de la plus grande invraisemblance. On comprend très bien au contraire que, dans des circonstances à la fois analogues et différentes, la même femme renouvelle le même extraordinaire hommage. De grandes dames peuvent renouveler un geste personnel, mais elles ne copient pas les gestes des autres, surtout quand ils sont si particuliers et si solennels.

41 — Jean XII, 9 et sq. J'ai toujours utilisé les quatre Evangiles, particulièrement Luc, à cause de son ordre, et Jean pour sa précision chronologique, mais maintenant, à ce point de mon récit, je ne fais guère que suivre pas à pas Jean. C'est lui qui marque le mieux la succession des événements et ici cette succession même est un enchaînement causal d'une violence dramatique incomparable.

46 — Le Jardin des Oliviers touche Béthanie. Quand les Apôtres se sont enfuis, où seraient-ils allés sinon d'abord à Béthanie ?

Mais tenir pour certain que Marie (de Béthanie) est la même femme que la pécheresse de Galilée, ce n'est pas admettre forcément qu'elle est aussi la même que Marie-Madeleine. Toutefois, le fait que la pécheresse s'appelle Marie et qu'elle a vécu en Galilée est cependant une présomption pour qu'elle soit Marie-Madeleine elle-même, puisque Magdala est en Galilée. Mais il y a plus.

Le nom de Marie-Madeleine, prononcé par Luc très solennellement à propos des femmes qui suivaient Jésus, ne se retrouve plus dans les Evangiles qu'au moment de la Passion. Entre-temps, dans Luc et surtout dans Jean, il est beaucoup question de Marie (de Béthanie) qui disparaît complètement au contraire au moment de la Passion et ensuite. C'est cette Marie (de Béthanie) qui est la prophétesse de la sépulture, et c'est Marie-Madeleine qui assiste à la sépulture. Il y a une invraisemblance incroyable à ce que ce ne soit pas la même femme.

Il est vrai que Marthe n'est pas nommée non plus à la Passion, ni à la sépulture. Mais pour ceux qui ont vécu des heures précédant une exécution capitale, comme ce fut le cas pour les amis de Jésus, ils trouveront normal que dans une famille une seule personne soit déléguée pour assister le condamné à mort jusqu'au dernier moment. Ce qu'il y a de terrible à ces moments-là, c'est que la vie continue. Lazare était sans doute trop jeune et lui-même était positivement menacé. Il a dû rester à la maison sous la garde de sa sœur, qui était d'ailleurs la maîtresse de maison. La seule personne qui fût libre et celle que son amour désignait tout naturellement à cette conduite, c'était Marie. Elle dut quitter Béthanie et s'installer à Jérusalem même dans une maison amie, pour être plus près des événements et garder à chaque instant la possibilité d'intervenir. C'est cela et cela seulement qui est vraisemblable.

D'autre part, soit pour la Passion et la sépulture, soit pour la Résurrection, les Evangélistes, après avoir parlé de Marie-Madeleine, parlent habituellement de « l'autre Marie », et nous savons très bien que cette Marie n'est pas Marie (de Béthanie) ; mais Marie, mère de Jacques le Mineur et de José. Marie de Béthanie étant connue, ils auraient dû dire, pour éviter toute ambiguïté, « une autre Marie », mais non pas « l'autre Marie », ce qui suppose qu'il n'y en a pas d'autre après cela. A part la mère du Christ, qui est chaque fois très bien distinguée, il n'y avait dans l'entourage du Christ que deux Maries, l'une Marie (de Béthanie) qui était aussi Marie-Madeleine, et « l'autre Marie », mère de Jacques et de José.

47 — Saint Paul, Pharisien élevé dès l'enfance dans la haine de Jésus, avait très bien compris le motif de l'exécution du Christ sur une croix. Il y fait allusion dans l'Epître aux Galates III, 13 : « Le Christ nous a rachetés de la malédiction de la Loi, étant devenu pour nous malédiction, car il est écrit : "Maudit tout homme qui est suspendu au bois." » Lagrange commente : « Un texte de la Loi (Deut. XXI, 23) mettait ce fait en évidence, car il était mort pendu à un gibet ; or, la Loi déclarait le pendu maudit de Dieu. Le texte de Paul est à peu près celui des Septante... L'argument suppose bien que le Christ a été traité comme un maudit de Dieu ; mais il est des choses qu'on ne dit pas : ce scrupule était très habituel aux Docteurs juifs. De son côté, le texte des Septante rendait bien l'hébreu : "car c'est une malédiction de Dieu, un pendu", "une malédiction au regard de Dieu, de la part de Dieu". »

49 — Au hasard, quelques textes de Lagrange sur ce grave problème :

« C'est déjà sans doute parce que Jésus les accueillait avec bonté et les encourageait à revenir à Dieu que les Publicains et les pécheurs, en Pérée comme en Galilée, s'approchaient de lui pour l'entendre. Mais le Maître faisait mieux — pour quelques-uns il faisait pire —, il mangeait avec ces pécheurs, au risque de se contaminer, sinon par leurs exemples, du moins par leur contact. Les Pharisiens et les Docteurs, les mêmes partout, s'en montraient scandalisés. Jésus ne consent pas à engager avec eux une controverse en règle. Se mettant sur leur terrain, il n'aurait pas eu le dernier mot. Il les transporte dans sa sphère à lui pour leur apprendre, et plus encore à ces pécheurs méprisés, ce qui se passe au ciel parmi les anges, et jusque dans le cœur de Dieu, lorsqu'un pécheur égaré rentre au bercail, est replacé dans le trésor de Dieu, reçoit de son Père le baiser de la tendresse apaisée... » (Ev. J.-C., p. 869.)

« Rarement un Pharisien serait rentré en lui-même pour dire avec Isaïe : "Toutes nos justices sont pareilles à un vêtement souillé..." Quiconque n'observait pas la Loi de Moïse, avec les surcharges de rigueur, était un pécheur. Et un pécheur, violant sans se gêner les lois extérieures de pureté légale, n'était pas seulement un objet de scandale, c'était un risque incessant de contamination qu'il fallait éviter. » (Ev. J.-C., p. 460.)

« ... Les Pharisiens ont certainement compris que Jésus ne s'en tenait pas à leur manière de comprendre la Loi. Non seulement il ne faisait aucun cas de leurs usages sur les lavages fréquents des mains, mais il se permettait de guérir le jour du sabbat des malades qui pouvaient attendre ; il ne craignait pas de se contaminer avec les pécheurs, il parlait même de sa doctrine comme d'un vêtement nouveau, ne se contentant pas de mettre une pièce neuve à un vieil habit... En tout cela, dit M. Klausner, Jésus "discrédite la valeur des lois cérémonielles de façon à ne leur reconnaître qu'une importance secondaire, comparées aux morales, et *presque* à les annuler". L'auteur souligne loyalement ce mot *presque,* car Jésus n'a pas cessé d'observer la Loi. » (Ev. J.-C., p. 467.)

51 — « Il serait aussi peu sage de nier que l'Evangile l'emportât sur le mythe païen. L'immortalité chrétienne a pour propre caractère d'être l'épanouissement d'une amitié. La formule "être avec le Christ", qui désigne pour saint Paul le bonheur céleste, ne dit pas une note accidentelle, mais l'essence même de ce bonheur, ce qui le constitue en ce qu'il est. Peu importe ensuite où l'on se trouve. Le ciel, c'est en vérité là où est le Christ. Ainsi le cœur qui aime ne veut-il d'autre joie que de vivre toujours près de l'aimé.

« L'espérance païenne offrait un objet différent. Les habitants des champs Elysées dans l'*Enéide* ne tirent pas leur félicité d'une amoureuse union avec les Immortels. S'ils sont "près des dieux", comme le Zôzime de Céramique, cela veut dire qu'ils mènent même vie que les dieux, jouissent de ce repos suprême qui est l'apanage des êtres divins. C'est une existence d'*otium,* où chacun continue de se livrer aux jeux qui lui plaisaient durant sa vie mortelle : jeux du corps, jeux de l'esprit, courses, festins ou propos calmes, ils n'envisagent rien de plus. On se meut sur deux plans divers. Quelques analogies de termes ne peuvent celer l'abîme qui au vrai les sépare. » (Festugière, *L'Idéal religieux des Grecs*, pp. 159-160.)

52 — Ici j'ai anticipé dans le temps l'attitude psychologique de Marie-Madeleine. Dans les récits de la Résurrection, elle ne parle jamais du cadavre du Christ, ou de son corps, comme font tous les autres, au moment où l'on découvre que le tombeau est vide. En parlant de ce cadavre, dont elle croit qu'il a été volé, elle dit toujours « le Seigneur ». Cette personnalisation est admirable. Je n'ai fait que la prendre dans son sens le plus fort. Mais je crois aussi que la vraie manière de bien comprendre l'Evangile, c'est de prendre toujours ses termes dans leur sens le plus fort.

# BIBLIOGRAPHIE


F. Vigouroux, *Dictionnaire de la Bible*. Paris, Letouzey et Ané, 1908, (Dic. B.).

James Hastings, « *A Dictionary of the Bible* ». New York, Charles Scribner's Sons, 1901.

Lagrange (Lag.), *Le messianisme chez les Juifs*. Paris, Gabalda, 1909.

— *La méthode historique*. Paris, Lecoffre, 1904.

— *L'Evangile de Jésus-Christ* (Ev. J.-C.). Paris, Gabalda, 1928.

— *Etudes sur les religions sémitiques*. Paris, Lecoffre, 1905.

— *Le judaïsme avant Jésus-Christ*. Paris, Gabalda.

— *Evangile selon saint Luc* (Commentaire). Paris, Gabalda, 1921.

— *Evangile selon saint Jean* (Commentaire). Paris, Gabalda.

Festugière, *L'idéal religieux des Grecs et l'Evangile*. Paris, Gabalda, 1932.

Lagrange, *Saint Paul, Epître aux Galates* (Commentaire). Paris.

M. Faillon, *Monuments inédits* (2 vol.). Paris, Migne, 1859.

Dr Peter Ketter, « *The Magdalene Question* ». (Translated by Hugo C. Kœhler Milwaukee, Bruce, 1935.)

Lavergne et Lagrange, *Synopse des quatre Evangiles*. Paris, Gabalda, 1927.

Nous estimons très digne de l'impression ce beau livre sur Marie-Madeleine, où le Père R. L. Bruckberger a su distinguer ce qu'enseigne le pur texte évangélique et ce qui relève légitimement de l'hypothèse et de l'art.

Fr. Benoît Lavaud, O. P.,
maître en théologie.
Fr. Augustin Souques, O. P.,
lecteur en théologie.

*Imprimi potest :*
Toulouse, 13 juin 1952.
Fr. M.-J. Nicolas, O. P.,
Provincial.

*Imprimatur :*
Toulouse, 15 juin 1952.
Jules, Cardinal Saliège,
archevêque de Toulouse.

# TABLE

## ŒUVRES PRINCIPALES DU PÈRE BRUCKBERGER

LE CYCLE CHRISTIQUE :

*L'Évangile,* traduction française de Bruckberger et Simonne Fabien, commentaires Bruckberger (Albin Michel).
*Histoire de Jésus-Christ* (rééd. Dominique Martin Morin, 53290 Bouère).
*La Révélation de Jésus-Christ* (Grasset).
*Marie, mère de Jésus-Christ* (Albin Michel).
*Marie-Madeleine* (Albin Michel).

LES MÉMOIRES :

*Tu finiras sur l'échafaud* (épuisé).
*Le Bachaga* (épuisé).
*Au diable, le père Bruck* (Plon).
*A l'heure où les ombres s'allongent* (Albin Michel).

LES CONTES :

*Le Loup de Gubbio.*
*Dorée ou le bon riche et le mauvais pauvre.*
*L'Aveugle clairvoyant.*

LES ESSAIS :

*Le Monde renversé* (Cerf).
*Dieu et la politique* (Plon).
*Ce que je crois* (Grasset).
*Le Capitalisme, mais c'est la vie* (épuisé).
*Oui à la peine de mort* (Plon).
*Bernanos vivant* (Albin Michel).
*Lettre ouverte à Jésus-Christ* (Albin Michel).
*Lettre ouverte à ceux qui ont mal à la France* (Albin Michel).

LES CHRONIQUES ET LE JOURNALISME :

*Si grande peine* (Grasset).
*L'Amérique des pyramides* (épuisé).

*L'Ane et le Bœuf* (Plon).
*Toute l'Église en clameurs* (épuisé).
(Nombreux articles encore inédits).

THÉÂTRE :
*Madeleine et Judas* (inédit).
*Le Fantôme blanc,* adaptation de la pièce de John Webster (inédit).
*Mourir en messidor* (les Amis du Père Bruckberger).

CINÉMA :
*Les Anges du péché* (avec Giraudoux et Bresson). Réalisé.
*Le Dialogue des Carmélites* (avec Ph. Agostini). Réalisé.
*Tu moissonneras la tempête.* Réalisé.
*Marie-Madeleine,* écrit, non réalisé.

*En préparation :*
*Réflexions diffuses sur la christianisme.*
*I – Qui est là ?*
*II – Jésus, le Christ.*
*III – La Nature humaine, mode d'emploi.*

*NB :* Quelques-uns de mes amis et moi-même, avons fondé, selon la loi de 1901, une « Société des Amis du Père Bruckberger », dont le but essentiel est, dès maintenant et après ma mort, de promouvoir mon œuvre auprès des éditeurs, des producteurs, des libraires et du public. Pour tous renseignements, écrire à l'adresse suivante : AMIS DU PÈRE BRUCKBERGER, Cabinet Desfilis, 49 bis, avenue Franklin-Roosevelt, 75008 Paris. Il vous sera répondu. Merci.

R.-L. B.

Cet ouvrage a été reproduit photomécaniquement,
imprimé et broché dans les Ateliers
de Pollina à Luçon
pour les Éditions Albin Michel
en avril 1992.



N° d'édition : 12382. N° d'impression : 14857
Dépôt légal : avril 1992